A PROTEÇÃO DO SAGRADO

Dados Internacionais de Catalogação na Publicação (CIP)
(Câmara Brasileira do Livro, SP, Brasil)

Grün, Anselm
  A proteção do Sagrado / Anselm Grün ; tradução Carlos Almeida Pereira. 5. ed. – Petrópolis, RJ : Vozes, 2011.

ISBN 978-85-326-2837-4

Título original: Vom Schutz des Heiligen.
1. Sagrado I. Título.

03-0277   CDD-211

Índices para catálogo sistemático:

1. Sagrado : Proteção : Religião   211

Anselm Grün

A PROTEÇÃO DO
Sagrado

Tradução de Carlos Almeida Pereira

Petrópolis

© Vier-Türme GmbH, D-97359 Münsterschwarzach Abtei.

Título do original alemão: *Vom Schutz des Heiligen*

Direitos de publicação em língua portuguesa:
2003, Editora Vozes Ltda.
Rua Frei Luís, 100
25689-900 Petrópolis, RJ
Internet: http://www.vozes.com.br
Brasil

Todos os direitos reservados. Nenhuma parte desta obra poderá ser reproduzida ou transmitida por qualquer forma e/ou quaisquer meios (eletrônico ou mecânico, incluindo fotocópia e gravação) ou arquivada em qualquer sistema ou banco de dados sem permissão escrita da Editora.

Editoração e org. literária: Merle Borges Orcutt
Capa: Juliana Hannickel

ISBN 978-85-326-2837-4 (edição brasileira)
ISBN 3-87868-628-5 (edição alemã)

Editado conforme o novo acordo ortográfico.

Este livro foi composto e impresso pela Editora Vozes Ltda.

Sumário

Introdução, 7

1. "Não deis aos cães o que é santo", 13

2. O conceito do Sagrado, 21

3. Lugares sagrados, 29

4. Tempos sagrados, 40

5. Ações sagradas, 53

6. Objetos sagrados, 61

7. Pessoas sagradas, 69

8. A comunidade e o Sagrado, 77

9. Valores sagrados, 83

10. A cura que nos vem do Sagrado, 91

O Sagrado – Um reflexo de Deus em nosso mundo, 97

Referências, 101

Introdução

Hoje em dia muitas vezes podemos nos deparar na imprensa com a queixa de que não existe mais nada que seja sagrado para as pessoas. Percebe-se por vezes aí um certo tom de moralismo. As pessoas teriam que voltar a respeitar o Sagrado porque Ele faz parte da cultura do Ocidente. Os padres reclamam que para muitos o sentido do Sagrado se perdeu.

Efetivamente, para muitos turistas as igrejas não são mais lugares sagrados, mas apenas curiosidades que valem a pena a gente ver. Entra-se na igreja como se entra no mercado. Muitos, mesmo na igreja, continuam fumando seus cigarros. Eles não possuem mais sentido para o Sagrado. A propaganda, por sua vez, também joga com a ideia do Sagrado. Um bem-sucedido produtor de *software* faz propaganda com este *slogan*: "Deve haver coisa melhor para viver do que isto". Existe um assim chamado *marketing* cultural que brinca com o Sagrado. No *marketing* o além é trazido para o aquém.

O sociólogo cultural Peter Grosser escreve a este respeito: "O que acontece quando se renuncia ao mundo do além, e quando o lado de lá é trazido para o lado de cá, é fácil de ver: o além celebra sua ressurreição nas coisas do quotidiano" (*Psychologie heute* 2000/12,31). Manifestamente, nem mesmo a pessoa pós-moderna consegue viver sem o Sagrado. Embora com bastante frequência a propaganda use o Sagrado para fins pouco sagrados, nem por isso a pessoa de hoje deixa de ter um sentido para o Sagrado. Se não fosse assim, a propaganda não tentaria atingir o anseio das pessoas pelo Sagrado. A questão é como este anseio pelo Sagrado pode ser aproveitado pela Igreja em sua mensagem. O Sagrado poderia transformar-se em um ponto de ligação para tocar os corações pós-modernos, para se falar sobre Deus.

O interesse maior que me levou a escrever este pequeno volume não foi em primeiro lugar proteger o Sagrado e tratá-lo com respeito. Meu desejo é muito mais ocupar-me com a proteção que o Sagrado nos oferece. Quando já não existe mais nada que seja sagrado, cessa de existir também a proteção para a nossa alma. Então nossa alma fica desprotegida neste mundo. Nós nos tornamos pessoas sem alma. A alma terá que retrair-se, que esconder-se atrás de uma fachada de frieza e de intocabilidade. O que me impele neste escrito é o interesse terapêutico. É bom para nós que deixemos espaço para o Sagrado em nossas vidas. Nos espaços do Sagrado a alma tem como respirar, como desenvolver-se, como desabrochar. Só o Sagrado cura e salva. Hoje nós temos necessidade do espaço do Sagrado, que cura e protege, a fim de podermos subsistir neste mundo.

Por um lado nós podemos observar a perda do Sagrado. Tabus são rompidos, valores sagrados são ridicularizados. Mas por outro podemos constatar em amplas áreas um novo sentido para o Sagrado. Quando professores de religião perguntam a seus alunos o que é que eles consideram como sagrado, eles mencionam uma porção de coisas. Para um o que é sagrado é o computador, para outro é sua máscara de mergulho, para um terceiro o anel que um amigo lhe deu de presente. Os jovens conseguem perfeitamente associar alguma coisa ao conceito do "Sagrado", talvez até mais do que ao conceito de "Deus". Mas a verdade é que muitas vezes eles não associam o Sagrado à esfera religiosa, à igreja ou ao culto divino.

Também muitos adultos descobriram um novo sentido para o Sagrado. De acordo com Rudolf Otto, o Sagrado não é um conceito mas sim um sentimento de respeito, de emoção. O Sagrado apresenta-se ao ser humano sem intermediários. Ele atinge a experiência do ser humano. Aquilo que é experimentado como sagrado subtrai-se à apreensão conceitual. Segundo Rudolf Otto, Ele é o "*arreton* = o indizível, o impronunciável". É uma coisa que atinge o sentimento da pessoa e que a leva a um clima todo especial (cf. OTTO:12s.). O Sagrado, portanto, pode fazer parte da nossa experiência. E hoje existem muitas pessoas que possuem sentido para o Sagrado. No Sagrado elas tocam o manto de Deus. No espaço do Sagrado o Deus santo e infinito se faz visível neste mundo. Por isso Mircea Eliade, um conhecedor da ciência da religião, fala de "hierofania", da aparição e manifestação do Sagrado. No conceito do Sagrado sempre vem expressa a relação de Deus com o ser humano. Para muitas pessoas o Sagrado é uma coisa pela qual elas anseiam. Para elas os espaços sagrados são importantes. Elas têm sede dos rituais sagrados. E sabem que nossa época não pode viver sem valores sagrados em que possamos confiar. Do Sagrado elas esperam clareza, segurança, firmeza, cura e salvação. Só o Sagrado – elas o sentem no mais íntimo de si – é a única coisa que as leva à sua verdadeira dimensão humana, que lhes traz integridade e salvação.

Em lugar de vivermos a nos lamentar por sua perda, desejamos descobrir os vestígios do Sagrado em nossa época. Hoje em dia as pessoas possuem uma ligação com a transcendência e com o Sagrado. De uma maneira semelhante ao que ocorre com o "anjo", o Sagrado é hoje um símbolo muito mais próximo do ser humano do que

Deus, que ultrapassa o nosso mundo e que em sua transcendência muitas vezes fica além do que nós somos capazes de experimentar. O Sagrado pode ser vivido. Ele sempre é alguma coisa do mundo: uma pessoa, um lugar, um tempo, um objeto, um ritual. O que possui a qualidade do Sagrado é uma coisa que podemos ver, ouvir, pegar, saborear. Ele provoca em nós uma reação característica. O ser humano sente-se abalado no seu íntimo. E ao mesmo tempo fascinado. O Sagrado é uma coisa pela qual ele anseia. O Sagrado lhe faz bem. Abre-lhe espaços de liberdade, espaços de proteção e de segurança, uma pátria. Provoca na pessoa um arrepio do numinoso. A pessoa sente-se atingida e tocada no mais profundo de si. Nossa época não é uma época sem religião. "Em lugar de vivermos a falar de perda da religião, deveríamos falar de transformação da religião" (HILGER:112). Em nosso tempo de transformação religiosa o Sagrado é um vestígio de Deus em nosso mundo, um vestígio que ainda hoje as pessoas conseguem entender e perceber, que elas gostam de seguir, porque percebem que este vestígio do Sagrado as leva à vida.

Por isso desejamos neste livrinho considerar ambas as coisas: a perda do Sagrado e o novo sentido para o Sagrado. Em muitos círculos irrompe hoje um novo sentimento: o sentimento de que nós temos necessidade do Sagrado, para que nossa vida possa ser bem-sucedida neste mundo mau. O que importa é sabermos onde podemos hoje descobrir o Sagrado, onde o podemos perceber mais conscientemente, e como podemos experimentá-lo como espaço de proteção. Pois em uma época em que tantos se sentem desprotegidos e sem abrigo, o Sagrado oferece-nos um espaço de proteção em que podemos ser inteiramente nós mesmos, em que entramos em contato com nosso eu mais autêntico e sadio.

1

"Não deis aos cães o que é santo"

Antes de nos voltarmos para o conceito do Sagrado, gostaria de dirigir o olhar para uma palavra da Bíblia. No sermão da montanha Jesus diz que precisamos proteger o Sagrado. Do contrário o Sagrado pode se tornar perigoso. Portanto o Sagrado não é apenas o que nos traz a salvação, mas também o que pode pôr em risco a nossa condição humana. Jesus fala de um perigo básico no convívio com o Sagrado. Quando o Sagrado deixa de ser visto como santo, quando Ele é reduzido ao nível das coisas que se consomem, então o ser humano corre perigo.

Este perigo, manifestamente, já existia há dois mil anos. Não é, portanto, um problema que só tenha se manifestado em nossa época. Mas precisamente nos dias de hoje a palavra de Jesus adquiriu nova atualidade. Por isso no início de minhas considerações sobre o Sagrado eu gostaria de colocar esta palavra de Jesus: "Não deis aos cães o que é santo nem atireis vossa pérolas a porcos, para não acontecer que estes as calquem com suas patas e aqueles, voltando-se, vos dilacerem" (Mt 7,6).

O contexto desta palavra poderia ser a lei mosaica, que proibia que a carne que havia sido sacrificada a Javé fosse dada de comer aos cães: "Não se tira o que é santo para dá-lo de comer aos cães". O santo, por conseguinte, poderia significar a carne dos sacrifícios. As pérolas, para os sábios judeus, são os bons pensamentos e as sentenças sábias. Numa passagem dos rabinos nós podemos ler: "Palavras dos sábios dirigidas aos loucos são como pérolas jogadas a um porco" (GRUNDMANN:221). Quando se jogam pérolas aos porcos, estes ficam com raiva. Acham que poderão comê-las, mas quando percebem que não são para comer eles pisam-nas com as patas e voltam-se contra os que as jogaram.

Mas o que significam aqui os cães e os porcos? Para os rabinos, ambos são animais impuros. Na teologia rabínica muitas vezes os cães representam os pagãos. Mas dificilmente Jesus teria querido dizer com esta palavra que sua mensagem não deveria ser anunciada aos pagãos. Pois o Evangelho de Mateus termina com esta exigência: "Ide, pois, fazei discípulos meus todos os povos" (Mt 28,19). Provavelmente o santo é a mensagem do reino.

Nesse caso, as pérolas são as palavras que explicam o Reino de Deus. A Igreja primitiva baseou-se nesta palavra de Jesus para fundamentar a disciplina arcana. Sobre o sagrado mistério da Eucaristia não se falava aos pagãos. Não se desejava profanar o Sagrado. A participação na Eucaristia era reservada unicamente aos que haviam sido batizados e que haviam recebido uma introdução ao sentido e ao espírito da liturgia.

Para mim esta é uma palavra extremamente atual nos dias de hoje. Nos sonhos os porcos representam o instinto de tudo engolir, de tudo consumir. Hoje eu percebo o perigo de que a religião se torne objeto de consumo, exatamente como se consome uma boa comida ou um remédio. Deus tem que trazer alguma vantagem para mim. Nós tomamos posse de Deus. Ele serve para as coisas correrem bem para mim. Deus é usado para que eu possa viver melhor. Tudo tem que estar em função de mim. Mas o Sagrado é precisamente aquilo que se subtrai a toda posse.

Etimologicamente, o santo é o separado, o inacessível (*temenos*). Mas as pessoas de hoje ficam furiosas quando não conseguem satisfazer sua curiosidade de espiar atrás dos muros da clausura. Muitos visitantes acham que a clausura seria uma coisa da Idade Média, prestes a ser abolida. Não lhes ocorre que a clausura pode ser uma proteção para nós monges, que apesar de toda nossa abertura para com a modernidade nós iremos nos defender contra a curiosidade da mídia. Igreja, liturgia, meditação, tudo tem que estar aberto a todos. Gosta-se de olhar tudo, mas só como espectador. Ninguém quer se deixar atingir, ninguém quer se sentir inseguro.

Quando não é senão consumido, então o santo faz com que as pessoas se tornem furiosas. Pois o santo não se deixa digerir. Ele se encontra frente à pessoa como uma coisa inacessível. A pessoa que busca consumi-lo arranca seus próprios dentes. Ou então o carrega consigo para a sujeira. Reduz o santo ao seu nível. Pois não admite que exista algo que seja maior do que ela e que se subtraia às suas garras.

Nos contos os cães representam os instintos positivos das pessoas, a sabedoria da natureza. Aqui eles representam simplesmente os animais que devoram a comida sem se dar conta que a carne oferecida a Deus é sagrada. Por isso eles são, na palavra de Jesus, uma imagem das pessoas que não sabem distinguir entre o Sagrado e o profano, entre o santo e o quotidiano. Para estas pessoas tudo tem que ser comum, manipulável, previsível. Tudo é igual, não existe coisa alguma de especial, de santo. Quem não percebe mais as diferenças na realidade, quem não sabe mais distinguir o Sagrado do profano, para este tudo também perde o sentido. Não existe mais coisa alguma a que ele possa elevar os olhos, que ele esteja disposto a defender. Tudo é para ser usado a fim de que de tudo ele obtenha algum proveito. Mas esta visão leva a que ele nada mais considere como santo, que para ele a vida se torne insossa.

Mesmo atuando de uma maneira muito dura e chocante, as palavras de Jesus correspondem à minha experiência. Todas as vezes que eu tento escrever ou falar sobre Deus de maneira a tocar as pessoas, eu também tenho a preocupação de não rebaixar Deus a um plano excessivamente humano.

Às vezes eu percebo em minhas entrevistas que não gostaria de falar sobre minhas experiências espirituais. O outro não está realmente interessado no espiritual. Ele deseja apenas penetrar em mim, mas não quer ser tocado por mim.

Lembro-me de uma pregação em um casamento. Durante esta pregação as palavras prenderam-se à minha garganta. Não foi uma pregação ruim. Mas senti que as pessoas não queriam ouvir o que realmente interessa. Queriam apenas uma fachada bonita, mas não estavam interessadas em entrar num terreno que lhes era desconhecido, numa esfera nova. Queriam apenas distrair-se. Mas permitir que as palavras penetrassem, deixarem-se atingir e transformar pela palavra, isto não entrava em sua cabeça. Numa atmosfera assim eu me senti como se estivesse jogando pérolas aos porcos. Por isso foi uma pregação muito breve. Eu precisava proteger-me, proteger o meu lado espiritual, a fim de que não fosse devorado.

Alguns anos atrás eu tinha a obrigação de fazer regularmente uma noite de reflexão para os nossos aprendizes do trabalho agrícola. Eu já havia trabalhado com jovens durante 25 anos. E sempre ficava alegre ao ver como eles se envolviam com o que eu exigia deles. Com os aprendizes, no entanto, todas as minhas tentativas caíram em terreno pedregoso. Os únicos assuntos pelos quais eles se interessavam eram as meninas e os carros possantes. Então eu senti: não adianta. Não consigo levar até eles aquilo que me entusiasma. Não tenho condições de falar sobre Deus como sobre o último carro Porsche. Tive que proteger-me a mim mesmo e desistir dos encontros. Pois aquilo me doía: falar sobre coisas que para mim são sagradas, e ao mesmo tempo deparar-me com total incompreensão.

Eu me interroguei, naturalmente, se também naqueles jovens o desejo do Sagrado não estaria presente. Talvez eu pudesse ter encontrado um acesso a eles precisamente a partir do conceito do Sagrado. Pois carros e moças, para eles, evidentemente eram coisas sagradas. Eu deveria ter perguntado por suas experiências, pela razão por que procuravam o Sagrado justamente ali. Talvez assim eu tivesse encontrado um caminho para levá-los a um sentido de Deus a partir de sua experiência do Sagrado, levá-los ao desejo do Sagrado que realmente consegue trazer a salvação. Mas não o consegui naquele tempo. Hoje eu imagino que para aqueles aprendizes as meninas representavam o anseio de ser amados incondicionalmente, de através do amor experimentarem o encanto da vida, descobrirem novas áreas de vida. E carros velozes representavam o anseio de liberdade, que sem dúvida é também um anseio profundamente religioso.

20

2

O conceito do Sagrado

Os gregos conhecem três conceitos para o Sagrado: *hagnos, hagios* e *hieros*. *Hagnos* designa "o objeto do temor religioso e da veneração" (RAC 1). Para os gregos o Sagrado é perfeito e sem mancha, é cheio de poder. *Hagios* é uma palavra mais tardia que posteriormente adquiriu um significado semelhante ao de *hagnos*. É com a palavra *hagios* que a Septuaginta traduz a palavra hebraica *qadosh*. Deus é o santo por excelência. Toda santidade provém dele. Deus é santo por essência. Santa pode ser chamada também a relação entre Deus e o ser humano. *Hieros* designa objetos e lugares que estão em contato com o poder numinoso. O verbo correspondente, *hiereuo*, significa sacrificar e consagrar.

Para os gregos a principal característica do santo, no sentido de numinoso, é a vida. O Sagrado possui em si uma força de cura, uma força de vida. Isto se torna patente quando os médicos tratam as pessoas no santuário. Curar sempre era da alçada de Deus. Ao Sagrado o grego responde com temor e respeito, mas também com cautela. Pois o poder do Sagrado também pode tornar-se perigoso para as pessoas. A experiência de Sagrado significa para o grego "o irromper do indisponível em um mundo que pelo pensamento, pelo discurso e pela ação ele tornou disponível" (RAC 14).

Os filósofos gregos entendem o Sagrado mais como a ordem e a sabedoria divina. Estas o ser humano é capaz de compreender. A ordem divina faz bem a ele. Traz-lhe salvação. Assim o Sagrado se transforma em "fonte de forma, vida e consciência" (RAC 14). Platão vê o Sagrado não apenas como qualidade do ser, mas também como perfeição moral. O ser humano tem necessidade de ser sempre mais santificado, divinizado, em primeiro lugar pela ascese e o desprendimento dos laços terrenos, e por outro lado pela felicidade da alegria festiva.

Os romanos deram ao convívio com o Sagrado uma forma jurídica. O que a eles importa é sobretudo o reto cumprimento dos rituais perante o Sagrado. Pois quando retamente realizados, os rituais garantem o bem do estado. Para os romanos a palavra mais importante para designar o Sagrado é *sanctus*, que provém de *sancire*.

Sancire significa "delimitar ou destinar algo como sagrado" (RAC 22). Os romanos delimitavam lugares sagrados a fim de protegê-los contra a violação e o contato profano. *Profanus* é o que fica diante do recinto (*fanum*) santificado, e por isso não é santificado. Por isso *profanus*, para os romanos, passa a ser o oposto de *sanctus*. O recinto sagrado é separado e destacado do mundo do quotidiano. É o *temenos*, um recinto especial, onde não é permitida a entrada a quem não satisfaça determinados pressupostos e rituais. O espaço sagrado tem que ser protegido contra pessoas não autorizadas. Na palavra "sancionar" ainda ressoa este significado de separação, delimitação, proteção. O recinto sagrado era ao mesmo tempo um lugar de proteção para as pessoas. Quem estivesse fugindo de um perseguidor ou de um vingador, podia no recinto sagrado encontrar asilo.

A ciência da religião conhece mais dois conceitos para designar o Sagrado. Os polinésios falam do "tabu". Tabu é um lugar, um objeto, uma ação, uma pessoa que está em ligação com o Sagrado. Por isso tais coisas são proibidas às pessoas comuns. Estas não podem tocá-las, consumi-las, visitá-las. O tabu é também sempre perigoso. Por isso deve-se evitar transgredi-lo. Entre os melanésios é importante o fenômeno da "mana". A mana é uma força misteriosa que determinadas pessoas e objetos possuem. Mana é sempre a força que vem de Deus. Sem mana nada dá certo. Mana é a força criativa e eficaz que Deus concede a determinadas pessoas para que com seu agir elas levem adiante a criação de Deus e criem santidade, algo que cure a pessoa e que lhe confira integridade (ELIADE. *Die Religionen...*:37s.).

A palavra alemã *heilig* (= santo) é proveniente do nórdico arcaico *heilagr*, que significa primitivamente "próprio" e "propriedade". O que é propriedade do divino é consagrado a Ele, e por conseguinte é santo. Alguns também relacionam *heilig* com *heil* (são) e *ganz* (íntegro). "São" quer dizer "sadio, incólume, íntegro, completo, fresco e forte". A palavra *heil* (são) provavelmente entrou na liguagem profana a partir da linguagem cultual. Provém, portanto, da área do Sagrado. Santificar (*heiligen*), portanto, também significa curar, devolver à pessoa a integridade, fazê-la retornar ao seu frescor e incolumidade originais, repô-la na condição em que Deus a criou, e que ela pode experimentar no recinto sagrado de Deus. Mas pode-se também derivar *heilig* da palavra germânica *haila*, que significa "encanto, destino favorável, felicidade". O recinto sagrado é um lugar onde a pessoa é feliz. No lugar sagrado Deus me envia um destino favorável, que fará com que meus propósitos e, em última análise, a minha vida sejam bem-sucedidos.

Para os israelitas, Javé é o Santo. E tudo que tem a ver com Javé é santo. Santos são os utensílios do sacrifício, o altar, o templo, mas também as palavras que vêm de Deus, as orações com que nos dirigimos a Deus. À palavra "santidade" os israelitas associam o "esplendor que consome e impõe respeito, que sem precisar de agir exerce poder, e por isso não pode ser suportado pelo ser humano" (RAC 26). Santidade está ligada a esplendor e beleza. O sagrado resplandece. O esplendor sagrado de Deus é o reflexo visível de Deus no mundo. Quando Moisés fala com Deus no Monte Sinai, sua face resplandece pela luz divina. E ele tem que colocar um véu sobre a cabeça a fim de que os israelitas possam suportar a visão de sua face.

Santo é tudo o que Deus faz a seu povo. É santa sobretudo a lei que Ele deu a seu povo. O que é santo não pode ser violado. O sábado é santo. Serve para a salvação da pessoa. Quem santifica o sábado, isto é, quem não viola o dia do Senhor, torna-se ele próprio santo. Esta é a meta da santidade de Deus, que também as pessoas sejam santificadas por Deus: "Santificai-vos e sede santos... porque eu, o Senhor vosso Deus, sou santo" (Lv 19,2; 11,44).

No Novo Testamento são antes de tudo Paulo e João que usam a palavra "santo". Paulo chama todos os cristãos de "santos". Na medida em que participam da santidade de Cristo, eles são eleitos e separados do mundo, da mesma maneira que o povo eleito de Israel. Quem nos santifica é o Espírito Santo. Santidade, para Paulo, é "reconquistar a comunhão da criatura com seu criador, pela qual, unicamente, a vaidade e a finitude da existência humana pode ser superada" (RAC 41). Deus nos dá sua santidade ao santificar-nos pelo Espírito Santo e introduzir-nos à inquebrantável comunhão com Jesus Cristo e o Pai. Mas para os cristãos esta santidade implica também a obrigação de viver santamente, puros, irrepreensíveis e sem mácula.

Santificação é um conceito importante no Evangelho de João. Jesus reza na oração sacerdotal: "Santifica-os na verdade... Por eles eu mesmo me santifico, para que sejam deveras santificados" (Jo 17,17.19). João pode, pois, chamar a obra salvífica de Jesus de "santificação". Santificação, para João, significa por um lado capacitar a pessoa para o amor, e por outro o conhecimento da verdade divina que dá vida.

Em nossa época foi sobretudo Rudolf Otto que colocou o conceito do sagrado no centro de sua filosofia da religião. Para Otto o santo é o que fascina, e que ao mesmo tempo impõe temor, o que nos faz tremer, o que fascina e aterroriza. O que importa, portanto, a Otto é sobretudo o efeito do Sagrado sobre a pessoa. Klaus Hemmerle leva adiante este pensamento de Rudolf Otto. Para ele o santo é "o intocável que me toca". O santo está subtraído à minha intervenção. Ele subsiste em si. É o Sagrado, de que não posso tomar posse. Mas este Sagrado me toca, me diz respeito, é importante para mim.

E o santo é o "tremendo-beatificante". O santo me repele e ao mesmo tempo me atrai. Faz-me tremer, e enche-me de felicidade. "Só no contato com o Sagrado eu tenho em mim a felicidade e sou libertado da insegurança e da falta de fundamento de mim mesmo" (HEMMERLE, em SM 580).

O Sagrado sempre possui em si esta tensão. Ele é fascinante. Irradia alguma coisa que me entusiasma e que me atrai. Mas eu posso também sentir-me aterrorizado diante do Sagrado. Deus pode penetrar até os meus ossos. O Sagrado mexe comigo. Esta dupla natureza não se refere unicamente ao Sagrado com que se ocupam as religiões, mas também à experiência do Sagrado quando para a criança o seu ursinho de pelúcia é sagrado, ou para o jovem a sua amiga ou o seu esporte. Sempre que para mim um lugar é sagrado eu gosto de ficar neste lugar, mas ao mesmo tempo existe alguma coisa que me retém. Tenho medo de ir para lá. Quando uma pessoa é sagrada para mim, eu me sinto atraído para ela. Admiro-a. Mas ao mesmo tempo vejo nela algo que não consigo compreender, algo de incompreensível, de grandioso, algo que me supera e enche-me de temor.

3

Lugares sagrados

Para aquele que é religioso o espaço não é uniforme e igual em todas as partes. Existem espaços qualitativamente diferentes de outros. Quando Moisés aproxima-se da sarça ardente, Deus lhe diz: "Não te aproximes daqui! Tira as sandálias dos pés, pois o lugar onde estás é chão sagrado" (Ex 3,5). Existe o espaço sagrado e impregnado de poder, e existem os recintos profanos. Para o religioso da Antiguidade estes últimos são lugares "amorfos", não possuem forma nem vigor. O espaço verdadeiro é o espaço sagrado. O recinto sagrado está cheio de Deus. Ali está o centro do mundo, foi a partir dali que o mundo começou a existir. Por isso o ser humano deseja estar bem próximo do centro, se possível no ponto central do mundo. Ele não quer ser jogado para longe do centro e ter apenas uma existência marginal. Do espaço sagrado ele espera a realidade de sua própria vida. Quando se encontra próximo ao centro do mundo, no lugar sagrado, então ele consegue orientar-se neste mundo. Possui um ponto fixo de onde pode partir.

Hoje em dia muitos olham com um sorriso para esta concepção primitiva de que existem lugares particularmente "santos". Espaço é apenas espaço, diz a pessoa esclarecida. Deus está em toda parte. Ele não tem necessidade de igrejas nem de recintos reservados. Mas quando voltamos o olhar para a nossa época, nós vemos que as concepções religiosas dos tempos primitivos continuam presentes e atuantes no psiquismo das pessoas, pois elas andam à procura de lugares especiais. Para umas é a pátria que é sagrada, para outras o lugar pelo qual se apaixonaram. Outras ainda buscam hoje lugares que possuam uma boa irradiação ou vibração, lugares de energia onde possam reabastecer-se.

Mesmo pessoas que não se consideram religiosas procuram lugares que antigamente foram lugares de culto. Elas têm a impressão de que tais lugares possuem uma irradiação especial, de que em tais lugares "sagrados" elas podem tornar-se melhores. Mesmo não acreditando em Deus, nestes lugares estas pessoas entram em contato com o divino. Sentem a transcendência, sentem Deus à sua maneira, mesmo que procurem uma explicação diferente para sua experiência.

Muitos procuram esta irradiação salvífica também nos conventos. Sentem que ali onde se reza muito surge um lugar santo, um espaço em que a gente pode mergulhar. Pessoas particularmente sensíveis chegam a sentir a força salvífica mesmo nos lugares onde antigamente existiram conventos. Ali sua alma consegue respirar. Conheço pessoas que procuram tais lugares. E quando os encontram, muitas vezes ficam sentadas ali por horas e horas, a fim de chegarem ao repouso interior. Acreditam que ali alguma coisa é curada no mais íntimo de sua alma.

Para os cristãos são sobretudo as igrejas que são lugares sagrados. Para as catedrais medievais era importante realçar de maneira especial o portal da igreja. O portal é o limiar que nos conduz a um mundo diferente, a porta por onde entramos para o recinto sagrado. No românico e no gótico os portais são ricamente ornamentados. Ali Cristo ressuscitado está sentado no trono. E ao seu redor encontram-se os bem-aventurados e os condenados. O próprio Cristo é a porta por onde entramos no céu. Muitas vezes logo no início do espaço da igreja podíamos deparar-nos com uma grande imagem de São Cristóvão. Ele é o santo da soleira. Na Idade Média acreditava-se que quem olhasse para São Cristóvão haveria de receber força para cumprir as tarefas daquele dia. Aqui ressoa ainda a ideia da "mana". No espaço sagrado da igreja eu participo da força de Deus. Ali eu posso beber da fonte divina que jamais se esgota.

Nos tempos primitivos o ato de ultrapassar a soleira era sempre um ato sagrado. A soleira tem seus guardas, que impedem a entrada dos inimigos do ser humano, dos demônios e dos poderes doentios. Por isso o ultrapassar a soleira sempre estava associado a determinados ritos. Ainda hoje, quando entram na igreja, os cristãos benzem-se com água benta e fazem uma genuflexão. Ressoa aqui a lembrança de que na igreja nós renascemos pela água, e que só com respeito e temor podemos aproximar-nos do Sagrado, porque o Sagrado está subtraído ao nosso poder.

Quando alguém atravessa conscientemente o portal da igreja e entra no lugar sagrado, saudando-o com o ritual de entrada, este poderá mesmo hoje sentir a igreja como um lugar de proteção. Já exteriormente ela o protege contra o ruído da cidade. Protege-o também contra o ruído dos seus pensamentos. O espaço sagrado possui um efeito de proteção contra os pensamentos doentios, contra os devaneios que nos fazem ficar volteando sempre em torno das mesmas coisas, sem irmos adiante. Por que o espaço da igreja possui este poder? A amplidão do espaço alarga o nosso coração. Nós podemos respirar mais livremente. O espaço está cheio de imagens de salvação. Sentimo-nos rodeados e envolvidos por forças salvíficas. E pressentimos o mistério. Continua sendo válido um mundo diferente do mundo dos negócios, do mundo das nossas preocupações e dos nossos problemas. Isto faz com que se tornem relativas todas as dificuldades do dia a dia.

As igrejas românicas, com seus arcos circulares, lembram-me o seio materno. Na igreja nós entramos no espaço de Deus-Mãe. Sentimo-nos envolvidos e protegidos pela presença salvífica e amorosa de Deus, como no seio materno. Quando estou sentado em uma igreja românica, eu posso sentir-me tranquilo. Eu sei que agora ninguém está exigindo nada de mim. Ninguém tem exigências a apresentar-me, ninguém tem expectativas que eu tenha que cumprir. Eu posso simplesmente existir. Sinto-me protegido, envolvido pelo amor materno de Deus. O colo materno não me traz apenas segurança, ele é também o lugar do nascimento. Quando fico bastante tempo sentado em uma igreja românica, eu me sinto como um recém-nascido. Ali minha alma se regenera, e eu experimento dentro de mim uma força nova.

Na Antiguidade acreditava-se que com cada edificação sagrada a criação do mundo se repetia. No espaço sagrado a pessoa religiosa participa da nova criação do mundo. A igreja românica retoma esta ideia. Aquele que sob os arcos circulares de uma igreja românica sabe-se envolvido pelo amor maternal de Deus, este como que é criado de novo. Ele entra em contato com o verdadeiro, com a imagem original e não falsificada de Deus que se fez nele. E entra em contato com o santuário interior.

No íntimo de cada um de nós existe um espaço de silêncio ao qual o ruído do mundo não pode chegar, aonde as preocupações e os problemas não têm acesso. Os padres da Igreja falam do "santo dos santos" que existe em nosso interior, do "lugar sagrado", do "templo" que existe dentro de nós. A experiência do espaço sagrado da igreja quer conduzir-nos à experiência do santuário interior. Sempre e em todo lugar nós podemos retirar-nos para este santuário interior, onde a salvação e a integridade nos são devolvidas.

Então, quando alguém está na igreja e se entrega à atmosfera salvífica, ele sente as pessoas que entram fazendo barulho e transformando a igreja em uma feira como um distúrbio, como uma perturbação, uma quebra de estilo. Isto simplesmente não combina. As pessoas que entram na igreja sem pensar e continuam fumando seus cigarros não o fazem por maldade, mas quase sempre apenas por desatenção. Tais pessoas não têm mais consciência de que existem lugares sagrados. Não têm nenhuma ligação com a igreja e com o ambiente religioso. Mas nós percebemos o que estamos perdendo, mesmo que as igrejas já não sejam mais lugares de refúgio para as pessoas que gostariam de ficar em silêncio e orar, que desejam retirar-se a fim de sentir a santidade do lugar, e que da atmosfera sagrada esperam que sejam curadas suas feridas da alma. Não existe mais lugar nenhum aonde a gente possa se retirar.

Mas não tem muito sentido ficarmos a nos lamentar por se ter perdido o sentido para os espaços sagrados. Precisamos antes de fantasia para sensibilizar as pessoas para o que os espaços sagrados podem oferecer de especial. Quando em uma igreja se encontram pessoas rezando silenciosamente, é difícil que alguém tenha a ideia de profanar este espaço com o barulho. Pessoas que se recolhem à igreja são contagiosas. Isto fica mais difícil nas igrejas que são muito visitadas, invadidas por empresas de turismo. Aqui depende da habilidade do guia conduzir espiritualmente os visitantes pelo recinto, transmitir-lhes, em uma linguagem que os toque, a teologia que encontramos neste lugar. Em muitas igrejas é possível emprestar gratuitamente uma fita cassete e deixar-se guiar ao mistério da igreja. Ou então é tocada uma música meditativa, canto gregoriano ou música de órgão, que convidam os visitantes ao silêncio e ao respeito.

Em lugar de reclamações, nós precisamos conduzir gentilmente as pessoas ao mistério do lugar sagrado. Então as pessoas o aceitam, e terminam ficando agradecidas por não se haverem simplesmente despachado da igreja como dos outros objetos de visitação, mas haverem experimentado alguma coisa diferente, fugindo ao terror do quotidiano e mergulhando em um mundo de santidade e salvação.

O espaço sagrado do templo influenciou na Antiguidade a maneira de organizar a habitação do ser humano. Então não se construíam simplesmente "máquinas de morar", como o arquiteto franco-suíço Le Corbusier chamava algumas das casas de morada dos nossos dias. Pelo contrário, sempre que uma casa era construída, procurava-se imitar a criação do mundo. Por isso colocava-se uma pilastra no meio. Desejava-se morar no centro, estar próximo ao centro do mundo, na vizinhança dos deuses (cf. ELIADE. *Das Heilige*...:20s.). O que marcava a construção era a saudade do paraíso.

Todas estas ideias ressurgem hoje em muitos arquitetos e construtores. O que se deseja não é mais uma construção simplesmente funcional. A casa deve ser antes um símbolo da segurança e do lar, um símbolo da criação, que nela deve se tornar visível. Por isso a natureza é trazida para dentro de casa por meio de jardins de inverno, do verde nos telhados, de materiais de construção biológicos. As construções em madeira ganham uma preferência cada vez maior. A casa deve oferecer um lar onde se tenha uma antevisão do lar eterno, da pátria eterna para onde nos encaminhamos.

Os ingleses dizem: "My home is my castle" (Minha casa é minha fortaleza, meu castelo). Ela é proteção contra as intempéries do clima e contra o mundo tantas vezes sentido como hostil. A casa como castelo oferece abrigo e segurança. Hoje, quando se constroem casas solares, mais uma vez está sendo realçado o aspecto da criação. A casa deverá tratar com criatividade a energia solar, transformando-a em corrente elétrica.

Hoje, com bastante frequência, a casa em que moramos já não nos oferece mais nenhum espaço de proteção. O telefone pode a qualquer momento invadir este espaço. O barulho dos vizinhos, o ruído da rua, o rádio e a televisão querem tomar posse deste espaço. Mas o ser humano tem necessidade de um espaço de proteção para sua alma. Ele necessita da casa como um lugar de refúgio onde possa reencontrar-se consigo mesmo. A palavra "casa" está relacionada com palavras que significam "cobertura", "proteção". A casa é como uma capa de proteção para o corpo e para a alma. É o lugar em que moramos. "Morar" significa originariamente "sentir prazer, estar satisfeito, agradar, acostumar-se". A casa é o lugar onde encontramos a paz interior e exterior, onde gostamos de viver, de existir. Em nossa casa nós nos instalamos confortavelmente. Mas sentimos que nossa casa precisa ser protegida, para que realmente venha a ser o espaço confortável onde gostamos de estar, onde nos sentimos "em casa".

Quando visitar uma igreja, não entre simplesmente como quem toma de assalto um local. Entre devagar, conscientemente. Tome consciência do lugar. O que é que este espaço faz com Você, com a sua alma? Você percebe que o espaço se reflete dentro de Você, que a amplidão, o colorido, a solenidade também se impregnam em Você? No interior da igreja, simplesmente fique sentado em silêncio e deixe que o espaço atue sobre Você. Desfrute o não ter que fazer coisa alguma, o não ter que prestar contas a ninguém. Descontraia-se. Talvez Você sinta como o silêncio o penetra por dentro, como Você faz as pazes consigo mesmo e com sua vida, e como pode retornar ao seu dia a dia como se tivesse nascido de novo.

Quando entrar em casa, entre com consciência. Deixe para trás tudo quanto o preocupa no trabalho. Entre no espaço protegido de seu lar. Eu conheço pessoas que cumprem com muita consciência um ritual de entrada e um ritual de saída. Que rituais Você conhece? Um bom ritual poderia se abrir e fechar a porta com muito cuidado e carinho. Ao abrir a porta Você pode imaginar que está entrando em um local que é só seu, onde Você pode morar, um abrigo que o protege dos problemas e dos ruídos do mundo do trabalho. E ao fechar a porta Você pode imaginar que com a porta está fechando também a entrada do seu santuário interior. Quando Você sai para o mundo com os seus problemas, mesmo assim ainda existe em Você um lugar protegido a que o mundo não tem acesso, um espaço onde o próprio Deus mora em Você e em que Você pode inteiramente ser Você mesmo.

4

Tempos sagrados

Para a pessoa religiosa o tempo também não é homogêneo. Ela conhece o tempo sagrado, o tempo das festas e o tempo da oração, e conhece o tempo profano, onde se desenrolam as ocorrências sem um significado especial. No tempo sagrado a pessoa religiosa participa dos primórdios míticos, quando os deuses ainda andavam na terra. Toda festa religiosa quer tornar novamente presente o tempo sagrado criado pelos deuses. Pelo retorno do tempo sagrado a pessoa se transfere para "aquele tempo", *in illo tempore*, e passa por uma nova criação. "Ele renasceu e recomeçou sua existência com a mesma provisão de vigor e de vida como no dia em que nasceu" (ELIADE. *Des Heilige...*:47). Mergulhar no tempo sagrado é no fundo uma terapia. Pois considerava-se que a vida não podia ser corrigida, mas unicamente recriada. E isto se dava através da participação no tempo sagrado. Na festa a pessoa religiosa manifesta a saudade que tem das origens, da perfeição dos primórdios (p. 54). Esta saudade é ao mesmo tempo "o desejo de voltar ao mundo novo, cheio de vigor e de pureza, que existia *in illo tempore*. É também a sede do Sagrado e o anseio pelo ser" (p. 55).

Para o cristão, o tempo sagrado o liga "àquele tempo" em que Deus andou neste mundo na pessoa de Jesus Cristo, em que por Jesus Cristo Ele nos falou e curou nossas feridas. Foi o evangelista Lucas quem descreveu a atuação de Jesus como um ano da salvação que sempre de novo se repete no ano litúrgico, a fim de que o que aconteceu então nos aconteça novamente "hoje". Sete vezes Lucas emprega a palavra "hoje". E na liturgia muitas vezes nós cantamos e rezamos que hoje a glória divina manifestou-se, que hoje o salvador nasceu, que hoje Cristo vem à nossa casa e toma refeição conosco. No tempo sagrado festivo nós nos tornamos contemporâneos de Jesus e podemos experimentar em nós a salvação que há dois mil anos os discípulos experimentaram no encontro com o Jesus histórico.

Um teste importante para sabermos se somos capazes ainda de viver o tempo sagrado que não se sujeita aos ditames da economia e de outras necessidades sociais é o domingo. Como o sentido para os tempos sagrados está se enfraquecendo, também o domingo passa a ser cada vez mais questionado. Por que não se haveria de poder fazer compras também no domingo, quando as pessoas têm mais tempo? Por que não se poderia distribuir o trabalho por sete dias? Pois nesse caso se poderia ter um melhor aproveitamento das máquinas. E ficaria menos complicado trafegar pelas ruas. Tais considerações demonstram que já não entendemos mais o domingo como um tempo sagrado, mas sim como um tempo de que podemos dispor.

Alguns anos atrás eu li num jornal que os mestres da gastronomia estavam se queixando pelo fato de nesse ano a Páscoa ser celebrada muito cedo. Com isto a temporada do carnaval ficava mais curta. Para que seus negócios também não fossem restringidos, eles pretendiam que a temporada de carnaval fosse prolongada. O fato de que o carnaval é uma festa condicionada pela religião, como uma festa mais animada antes do começo do jejum quaresmal, isto não passou pela cabeça destes mestres-cucas.

Muitos tentam envolver com um véu de ideias altruístas seus desejos orientados unicamente para o lucro. Afinal de contas, dizem, um carnaval mais prolongado, ou o comércio aberto aos domingos, haveria de criar mais empregos, o que no entanto ainda não ficou definitivamente provado.

Já na Antiguidade existia o ritmo setenário: trabalhava-se durante seis dias, e no sétimo dia se repousava. Os judeus apreciavam o sábado como dia de descanso. Para eles o repouso sabático era uma participação no repouso de Deus, que em seis dias criou o mundo e no sétimo dia descansou. "Deus abençoou o sétimo dia e o santificou, porque neste dia Deus descansou de toda a obra da criação" (Gn 2,3). É um dia de descanso e de alegria pelo que foi criado por Deus e pelo que nós realizamos durante esta semana.

Para os judeus o sábado é ao mesmo tempo uma ocasião para relembrar a libertação da prisão no Egito. Começa com uma celebração familiar ao cair da noite. A dona da casa, com uma palavra de bênção, acende duas velas, e os pais abençoam os filhos. O sábado é não somente uma recordação dos feitos passados de Deus mas também imagem e antegozo do mundo futuro. Já para a criança judaica a celebração do sábado fica profundamente gravada em sua alma. Os membros da família se experimentam uns aos outros de uma maneira diferente. A família é estabelecida por Deus. Ela sente que Deus se lembra dela e que a toma sob seus cuidados. A celebração comum une os familiares, enchendo-os de profunda gratidão por tudo quanto Deus fez na família.

Os cristãos, em lugar do sábado, celebram o domingo. Já na Igreja primitiva os cristãos reuniam-se na tarde do primeiro dia da semana e partiam o pão entre si. A cada domingo eles relembram a ressurreição de Jesus e tomam consciência da presença do ressuscitado no meio deles. A Igreja primitiva não fala unicamente do primeiro dia da semana, ela fala também do oitavo dia. O oitavo dia é o dia que não conhece noite, o dia em que Cristo surgiu como o verdadeiro sol, o dia em que Cristo ressuscitou dos mortos. Já bem cedo se introduz o nome de "dia do Senhor", *dies dominica*, "domingo". É o dia do Senhor, o dia em que é lembrada a ressurreição, o dia que pertence ao Senhor.

Na língua alemã o domingo tem o nome de *Sonntag* (em inglês: *sunday*), que é uma referência ao Deus-Sol dos romanos. Sobretudo no universo anglo-germânico os cristãos assumiram este nome, reinterpretando o Sol como imagem da ressurreição de Jesus. Assim como o sol surge da escuridão da noite, assim também Cristo ressurge do reino da morte e faz-nos participar da luz de sua vida divina. Mais tarde, no decorrer da história, também elementos do sábado judaico penetraram na celebração cristã do domingo. O domingo é o dia do repouso e da recreação, da alegria e da celebração do culto divino.

Nos últimos séculos o estado tem protegido o domingo por meio de leis. Com isto ele tem vindo em defesa da cultura dominical cristã, impedindo que as pessoas sejam exploradas. Hoje o domingo corre perigo, por duas razões. Primeiro, porque o ser humano pensa que ele mesmo seria capaz de configurar o seu tempo, que não existiria um ritmo predeterminado. Assim sendo, ele poderia escolher as fases de repouso da maneira como preferisse. Tudo teria sido entregue à sua liberdade. Mas ele não percebe que a tarefa de um ritmo fixo não haveria de levá-lo à liberdade mas sim a uma nova dependência. Os espaços de proteção deixam de existir. O ser humano teria ele próprio que criar os espaços livres. E qualquer um que o tenha tentado sabe como isto é difícil. Sempre há tanta coisa a fazer! Assim a sociedade do interesse imediato, a *Erlebnisgesellschaft*, leva a expectativas por demais elevadas, a exageradas exigências e novas neuroses.

O segundo perigo provém da dominação da economia sobre todos os setores da vida humana. A economia considera como o mais importante a eficiência no trabalho. Quando as máquinas ficam paradas no domingo, quando o comércio fica fechado, isto estaria impedindo a economia de ter um melhor rendimento. Mas esta visão da eficiência é uma visão míope. Ela não percebe que o ser humano não é uma máquina que deva ser subordinada à ditadura da eficiência econômica. Quem apenas explora e usa o ser humano, este, em última análise, o despreza. E com isto a longo prazo o torna enfermo. Quando o ser humano não se alimenta das fontes que vão além da mentalidade de custo e benefício, com pouco tempo sua vida fica esgotada e depauperada.

O sentido do domingo é que o ser humano permaneça consciente de sua dignidade, que ele possa alegrar-se por sua vida. Sem esta alegria a vida se estiola, nós ficamos privados da fantasia e da criatividade. A curto prazo pode ser que a renúncia ao domingo sirva à economia. Mas a longo prazo ela irá prejudicar o ser humano, terminando por prejudicar também os resultados da economia.

Já no ano de 1957 Romano Guardini reconheceu isto em suas reflexões sobre o domingo: "Pelo trabalho ininterrupto perde-se aquilo que foi chamado de 'pausa criativa', a liberdade interior e a descontração, o que prejudica não só a vida mas também a produção". E adverte: "Se conseguirem abolir o domingo, o ser humano perderá o apoio da religião, ficando entregue às forças econômicas e políticas" (GUARDINI: *Der Sonntag...*:32).

O domingo serve ao indivíduo. Cria-lhe o espaço livre de que ele tem necessidade. Mas o domingo não é uma questão apenas do indivíduo, e sim também da comunidade. Quando o domingo deixar de estar incluído na ordem social, então – na opinião de Guardini – "ele perderá não apenas a dignidade que daí procede, mas será destruído também por todos os interesses e negligências com que vier a se defrontar" (GUARDINI:7). Por isso é necessário defender o domingo. Por si mesmo o indivíduo não teria forças para criar o espaço livre de que ele tem necessidade para sua saúde física e psíquica.

Mas o domingo vivido em comum possui ainda um outro significado. Nele se expressa a convicção de que a sociedade não se basta a si própria, mas tem necessidade de algo maior do que ela. Por si só uma sociedade fechada não se sustenta. Ela necessita de uma visão que a ultrapasse. A sociedade precisa de um mergulho em um mundo diferente. Do contrário, ficará exposta ao terror e à ditadura da economia e das pressões econômicas. A economia alega trabalhar para o bem da pessoa. Com bastante frequência, no entanto, esta é uma desculpa inconsistente. Na realidade trata-se de lucro e crescimento sempre maior. Mas justamente esta falta de moderação leva a situações que já não fazem bem à pessoa.

Não teria muito sentido apenas exigirmos que o domingo fosse protegido, sem que tivéssemos clareza sobre o que o domingo pretende nos dar. Já o próprio Jesus disse que o sábado foi feito para a pessoa, e não a pessoa para o sábado (cf. Mc 2,27). Sem um dia de descanso, a pessoa se desumaniza. O repouso dominical é uma pausa para respirar. Muitos argumentam que abrir o comércio aos domingos favoreceria as pessoas. Mas o que isto na verdade favorece é o surgimento de um totalitarismo do mercado. A família haveria de dissolver-se ainda mais. Deixaria de ter um espaço de proteção. Tudo passaria a ser determinado pelo estado. Este haveria de tornar-se o único vínculo para a "pessoa da massa que não tivesse outro vínculo" (GUARDINI:48). Mas de acordo com a Lei Básica o estado tem como uma de suas tarefas respeitar a dignidade do ser humano. O estado deixando de proteger o domingo, isto traria consigo efeitos catastróficos para a saúde e para a condição íntima do cidadão deste estado.

Quando não existir mais um espaço protegido "onde seja possível uma existência descomprometida que repouse livremente em si própria" (GUARDINI:57), isto há de levar a uma imagem do ser humano que torna cada vez mais difícil a convivência e o respeito pelo outro. Surgiria a ativista, a pessoa que circula unicamente em torno de si própria. Toda pessoa tem necessidade de espaços de silêncio para ficar livre de si, para tomar consciência do mistério do mundo e de si mesma. E só quando tem consciência do mistério de sua própria vida e do mistério do próximo é que ela irá respeitar sua própria dignidade e a dignidade dos outros.

Poder-se-ia argumentar que em qualquer dia é possível meditar-se. Mas nenhuma agenda privada é capaz de romper a violência do nosso mundo de negócios. É necessário que existam dias santificados, dias que possuam uma qualidade diferente da que é criada pelas pessoas. É preciso que haja o Sagrado, que leve a pessoa para além de si própria e que a faça mergulhar em suas verdadeiras raízes. Mas seria importante que nós cristãos tivéssemos clareza sobre o que o domingo significa. Só poderemos defender a proteção do domingo quando tivermos feito a experiência de que ele nos protege da ditadura do mundo, que no domingo nós podemos alegrar-nos com a vida que Deus nos presenteou com a ressurreição de Jesus.

Hoje não resta dúvida que as pessoas possuem uma sensibilidade para os tempos sagrados. Para a maioria delas as férias são sagradas. Muitas despendem muita fantasia na organização criativa de suas férias. Reservam tempo para o silêncio, para a percepção consciente de outras terras, de outras culturas, de novas paisagens. Desejariam desfrutar conscientemente suas férias como um espaço livre em que lhes fosse permitido ser como no mais profundo de seu coração eles desejariam ser. Naturalmente o contrário também acontece: que até mesmo as férias são transformadas num ativismo tão desesperado que as pessoas se fazem estimular por "animadores", porque elas próprias não conseguem chegar às experiências desejadas.

Outras consideram sagrados os momentos de silêncio com que começam o dia pela manhã. Para outras existe de vez em quando um dia de deserto, quando conscientemente elas se libertam, simplesmente expondo-se ao desconhecido, ao Sagrado por que anseiam no íntimo do seu coração. Para outras, ainda, é sagrado o tempo do *cooper* ou da natação. Elas tentam de todas as maneiras reservar um tempo para isto.

Existe, pois, perfeitamente, um sentido para o tempo sagrado. Só que o Sagrado perdeu a qualidade do numinoso. Passou a ser simplesmente o tempo que eu emprego para mim mesmo. E não obstante, também nesta sensação de que tenho necessidade de um tempo para mim, um tempo que seja intocável para os outros, que seja "tabu", ainda existe um pouco daquilo que originalmente se pretendia dizer com a palavra "santo". Santo é o separado, o que não pode ser tocado, o reservado. E talvez estejamos intuindo aqui que este tempo faz bem não somente a mim, mas que ele me abre para algo que ultrapassa o meu dia a dia, para o mistério da vida, em última análise para o mistério de Deus.

Existem tempos sagrados para Você, tempos que Você procura preservar? Quando é que um tempo sagrado deste tipo teria sentido para Você? Alguns come-

çam o dia com um tempo de silêncio. Outros reservam para si o domingo. Durante este dia não fazem coisa alguma com finalidades de trabalho. Concedem tempo para si próprios. Vão ao culto divino e experimentam-no em comum como um tempo sagrado. Também a família precisa de tempos sagrados, de tempos em que ela exista para si. Um executivo que por causa da quantidade de trabalho raras vezes vê a família durante a semana, reserva o café da manhã do domingo como um tempo sagrado para sua família. Pelo menos durante o café a família está reunida. A família tem necessidade de tempos só para ela. Nestes tempos as relações podem voltar a crescer, o amor a se aprofundar. Por si mesmo o amor busca tempos sagrados. Mas ao mesmo tempo o amor precisa ser protegido, concedendo-nos a nós mesmos estes tempos sagrados. Como Você passa o seu tempo sagrado? Por que experiências passa? Será apenas um tempo para si mesmo, ou Você sente também que este tempo o põe em contato com seu verdadeiro ser e com Deus, a partir de quem unicamente Você pode experimentar-se a si mesmo?

52

5

Ações sagradas

Todas as religiões e culturas conhecem os rituais, os atos sagrados que são realizados de acordo com uma ordem estabelecida. Hoje para muitos estes rituais tornaram-se estranhos. Estas pessoas têm a impressão de que os rituais já não são mais a expressão de nossa vida, que eles nada têm a ver com o nosso dia a dia. Então se argumenta que os rituais têm que ser adaptados à época atual, que eles deveriam ser transparentes, ser realizados e explicados em uma linguagem moderna. Nesta argumentação certamente está correto que os rituais sempre têm necessidade de ser refletidos, que eles precisam ser celebrados de tal maneira que possuam coerência. Então normalmente os rituais também haverão de tocar as pessoas.

Mas nesta exigência também poderia estar presente uma incompreensão para com os rituais. Rituais não podem simplesmente ser adaptados. Eles possuem uma história. E precisam do sopró do Sagrado. Os rituais querem abrir a porta para o Sagrado. E é precisamente por abrirem a porta do Sagrado que eles se tornam salvíficos. Pois quando através do ritual entramos no domínio do Sagrado, nós estamos escapando à ditadura do nosso mundo, mergulhando em um mundo diferente, que não é caracterizado pelo lucro nem pela relação custo-benefício. E é deste mundo sagrado que nossa alma tem necessidade para ser curada. É precisamente porque não podemos dispor do Sagrado, como não podemos dispor de Deus, que Ele se torna para nós cura e salvação, libertação e riqueza.

Para o religioso da Antiguidade era importante sobretudo ter os rituais para as transições da vida, como nascimento, puberdade, casamento e morte. Para que estas passagens carregadas de perigo fossem bem-sucedidas e levassem a uma nova vida, elas tinham que estar ligadas ao agir dos deuses. Através dos rituais elas imitavam o agir dos deuses. Os deuses haviam dado o exemplo de como a vida pode ser bem-sucedida. Nos rituais as pessoas se inseriam neste agir dos deuses. Mas não era unicamente nas transições da vida que eles viviam o sagrado do mundo divino. Todo agir humano, a busca do alimento, o cuidado com a família, com a casa, a entrada e a saída, o alimento e a bebida, para os antigos tudo era ação sagrada. Em tudo eles participavam da vida que lhes vinha de Deus. Assim eles adquiriam a sensação de que sua vida tinha sentido, inserida que estava na vida dos deuses, santificada pelos deuses, que lhes haviam dado o exemplo de como a vida humana pode dar certo. O Sagrado santificava também o "profano", fazendo com que ele obtivesse êxito.

Como o Sagrado penetra em nosso quotidiano, para uma sadia espiritualidade é importante também curar e santificar o dia a dia, por exemplo no trabalho ou no convívio com as pessoas.

Hoje nós nos deparamos com rituais que parecem já não possuir mais sentido. Isto, evidentemente, também nos questiona se realizamos os rituais de uma maneira coerente, se nos envolvemos inteiramente com eles. Quando não sabemos o que os rituais significam, quando apenas os repetimos porque sempre foi assim, eles se tornam vazios e não conseguem atuar nem sobre nós nem sobre as outras pessoas. Numa palestra eu ouvi falar de uma atriz que assistiu, em companhia de padres, a alguns vídeos de celebrações eucarísticas. Ela mostrou aos padres quanta riqueza eles possuíam, mas também com quanta inconsciência e superficialidade, ou mesmo com quanta contradição, muitos ritos eram executados. Desta maneira nada se conseguia transmitir aos participantes.

Os ritos têm muito a ver com jogo de cena, ou mesmo com teatro. Nós representamos a vida divina. Em muitos ritos cristãos, como nos sacramentos, nós representamos a vida de Cristo, para que ela nos atinja, para que tenhamos parte na vida divina de Jesus. Mas é importante nos envolvermos inteiramente com os rituais, celebrarmo-los com atenção e cuidado. Então eles não terão necessidade de ser adaptados. Mas sobretudo não podem ser instrumentalizados. Os ritos abrem precisamente um espaço livre, o espaço do Sagrado, onde as leis que vigoram são diferentes das leis do nosso dia a dia. Aqui não se trata de custo e benefício, de lucros e resultados, mas sim do ser. Desde sempre os seres humanos desejaram, entrando no Sagrado, ter participação no verdadeiro ser, regenerarem sua condição humana e encherem-se de novas forças.

O significado do ritual como ação sagrada torna-se para nós evidente na história da escada do céu. Nesta história Jacó toma a pedra que lhe serviu de travesseiro, e onde teve o sonho da escada do céu, unge-a com óleo e estabelece-a como memorial, como sinal de recordação. No ritual nós tomamos alguma coisa terrena que podemos tocar, uma pedra, uma vela, óleo, um gesto, uma ação profana. E esta coisa terrestre abre para nós o céu. Passa a ser um sinal que nos lembra que Deus está perto: "Isto aqui só pode ser a casa de Deus e a porta do céu" (Gn 28,17). Assim todo agir pode se transformar em ação sagrada. Para um é o banho de chuveiro pela manhã, para outro uma corrida pelo bosque, para um terceiro a celebração consciente de seu café da manhã.

Quando conscientemente eu tomo um banho de chuveiro, isto pode transformar-se num ritual que me lembra o que Deus fez e continua a fazer em mim. Sinto então como toda sujeira interior e exterior é levada para longe, como passo a sentir-me interiormente como se tivesse nascido de novo. Entro em contato com a vida que a água possui e tenho a impressão de que agora a fonte interior começa a jorrar também dentro de mim.

Quando eu tomo meu café da manhã conscientemente, o café pode se transformar em uma celebração da vida. Eu desfruto com gratidão dos dons de Deus. Um dos meus confrades transformou o ato de descascar a banana em um ritual. A gente sente como ao tirar a casca ele se rejubila com o desfrutar da banana.

Quando faço meu *cooper*, é claro que o posso fazer de diferentes maneiras. O *cooper* pode transformar-se em um ritual obsessivo. Nesse caso eu fico com a consciência pesada quando não consigo realizar minha tarefa em quilômetros. Ou então ele pode ser um exercício consciente de minha existência de peregrino. Eu sou alguém que está sempre a caminho, que sempre se desprende de todas as dependências, que não fica parado mas que se transforma enquanto corre. E sou um caminhante que não há de parar enquanto não chegar ao seu último destino.

Quais são os seus rituais? Quais as ações que lhe deixam a impressão de serem sagradas? Tente fazer conscientemente as coisas que Você teria de qualquer maneira que fazer. Assim tudo pode transformar-se em coisa sagrada que lhe traz cura e que lhe dá uma nova energia vital. Levante-se conscientemente pela manhã. Tome consciência do que significa levantar-se, enfrentar a vida, percorrer seu caminho de cabeça erguida. Tome consciência do ato de lavar o rosto. Faz bem purificar-se de tudo quanto perturba seu pensar e seu sentir. Quando comer, tente mastigar lentamente, tomando consciência do sabor da comida. Então Você não irá saborear apenas o pão ou o vinho, mas irá sentir o gosto da vida, e nela o gosto de Deus. Ao caminhar procure sentir o que está fazendo, sentir que o caminhar é uma imagem de sua existência humana. Você está sempre a caminho. Caminhando para onde? Caminhando para quem?

É claro que Você não pode fazer tudo conscientemente. Mas tente transformar algumas ações do seu dia a dia em ações sagradas, em ações que Você realiza com consciência e onde pressente como todo agir – segundo a crença dos antigos – participa do agir de Deus. Toda ação – como a de Jacó quando erigiu a pedra em altar – pode transformar-se em ação sagrada que abre o céu e que nos lembra que Deus está ao nosso lado e dentro de nós, que Ele age através de nós.

60

6

Objetos sagrados

Na Antiguidade existiam muitos objetos sagrados. Frequentemente eram veneradas pedras sagradas. A pedra exercia um grande fascínio sobre as pessoas. Ela manifestava a estabilidade e o vigor, a resistência e o peso. As pedras sagradas participavam do poder de Deus. Já desde sempre as pedras atraíram fortemente o espírito e os sentimentos das pessoas. A dureza, aspereza e imutabilidade, a resistência das pedras, revelam às pessoas "alguma coisa que transcende a frágil existência humana: uma maneira de ser absoluta... Na grandeza e dureza da pedra, em suas formas e cores, a pessoa se depara com uma realidade e um poder que pertence a um mundo diferente do mundo profano ao qual ela pertence" (ELIADE. *Die Religionen*....:247). Mesmo hoje as pedras continuam a exercer um fascínio próprio sobre muitas pessoas. Há pessoas que colecionam pedras e as conservam em casa. Elas lembram-lhes os tempos primordiais, a origem de todo ser. E as pedras lhes transmitem alguma coisa da firmeza do ser, da força de Deus.

Em muitas religiões as árvores eram sagradas. A árvore fazia a ligação entre o céu e a terra. Na história da religião se conhece a árvore da vida, a árvore da imortabilidade, da sabedoria, a árvore da eterna juventude. A árvore que perde e retoma a folhagem é uma imagem da morte e do renascimento. A árvore sempre verde, a conífera, torna-se símbolo da imortalidade.

Para o cristão, o símbolo da árvore da vida e da árvore da sabedoria foi acolhido na imagem da cruz. A cruz passa a ser o lugar onde nós entramos em contato com a verdadeira vida. Na cruz a morte foi vencida. Na cruz Deus fez a reconciliação entre o céu e a terra. Nela todas as contradições deste mundo se tornaram cheias do amor de Deus. E na cruz se manifesta a sabedoria de Deus. Nela se torna visível como a vida humana pode obter êxito, que através de muitas dificuldades nós chegamos à verdadeira vida. Por isso em muitos caminhos o povo cristão tem plantado cruzes, a fim de, em meio ao seu trabalho e às suas múltiplas caminhadas, poder refletir e ter consciência do fundamento de nossa existência, que todas as contradições que carregamos conosco estão envolvidas pelo amor de Deus. Muitos usam uma cruz pendurada numa corrente ao redor do pescoço. Para eles a cruz é um sinal de que Cristo os acompanha, de que estão protegidos de todas as desgraças e danos. Alguns carregam consigo também medalhas de santos, sobretudo de Maria, a mãe de Jesus. Soldados contam que sua medalha os defendeu da bala inimiga e assim os preservou da morte.

Outros levam consigo o terço. Usam-no para rezar meditando. Querem também que o terço seja bento, para que tenha parte na força salvífica de Deus. Outros compram velas e colocam-nas diante do altar de Nossa Senhora. Ou levam a vela para casa e acendem-na diante de uma imagem ou de um crucifixo. Com isto eles esperam ver na vela não apenas a claridade e o calor da luz, mas também a presença salvífica e amorosa de Deus. Existe uma velha convicção de que enquanto a vela está acesa nossa oração sobe ao céu. Eu também conheço cristãos que não frequentam a igreja, mas que vão a uma determinada igreja a fim de ali acender uma vela diante do altar de Nossa Senhora. Isto os faz esperar que haja luz em seus conflitos, que a esperança transforme sua tristeza, e que Deus se lembre deles e encontre uma solução para o insolúvel de sua situação. Nos tempos de sofrimento existencial, o sentimento para o Sagrado é despertado. A gente sente que não pode fazer tudo sozinho. Então faz bem a gente sentir-se envolvido pelo Sagrado.

De suas visitas ao Peru o Abade Fidélis relata que os índios, em despedida, deram-lhe pedras sagradas. Eram umas pedrinhas pequenas, que eles haviam apanhado antes e sobre as quais haviam rezado. Fizeram orações que lhes eram próprias. As pedras eram um símbolo de que sua oração acompanharia o abade por toda parte. Na pedra a oração deles se havia condensado, tornando-se concreta, palpável. O abade achava que estas pedras significavam o amor e o respeito para com Deus. As pedras se tornam sagradas através da oração. E assim, levando consigo a pedra dos índios, o abade carrega uma coisa sagrada. Isto lhe dá a certeza de que ele não está só, que é levado por Deus, que existem pessoas que se lembram dele em suas orações e que com suas orações criam em torno dele uma capa protetora.

Na Idade Média as pessoas gostavam de colecionar relíquias dos santos. Tirava-se um fragmento de seus ossos, que era guardado com todo respeito. Através da relíquia o santo estava presente na pessoa. E esperava-se que em presença de sua relíquia o santo se envolvesse mais ainda em favor das pessoas, quando fosse solicitada sua intercessão na oração. Nisto, sem dúvida, estavam envolvidos também elementos pagãos. Os túmulos dos mártires, de onde eram retiradas as relíquias, muitas vezes substituíam os lugares de peregrinação pagãos, a fim de cristianizar os rituais que se realizavam ali.

Hoje nós consideramos difícil assumir a piedade das relíquias. Realmente não temos que forçar-nos a venerar precisamente as relíquias como lembrança da presença salvífica de Deus. Mas basta que consideremos o culto em torno da princesa Diana, a "rainha dos corações", para ver como rituais religiosos que eram considerados mortos voltam a ressurgir. Muitos buscavam de toda forma tocar alguma coisa que antes havia sido tocada por Diana. E muitos queriam o seu retrato. Quando o fator religioso morre, ele procura substitutivos. Constitui por isso um desafio para nós cristãos saber como transmitir às pessoas de hoje as experiências com o Sagrado, de modo que elas se sintam tocadas.

A busca pelos objetos sagrados apresenta formas sempre novas. Na necessidade que muitos jovens experimentam de usar um *piercing* talvez se possa identificar o anseio por um objeto sagrado. Toda moda sempre tem também um pouco de arquetípico, apela para imagens arquetípicas na pessoa. Em vez de ficarmos irritados com tantas modas aparentemente malucas, teria mais sentido tentarmos descobrir o anseio que se oculta atrás delas. Só então eu poderei entrar em contato com meu anseio, de modo a despertar o sentido para o verdadeiramente santo e salvífico. Mas só poderei fazer isto se não condenar as pessoas que vão atrás da moda, mas antes oferecer-lhes uma valorização, e se estiver disposto a descobrir atentamente aquilo pelo qual elas realmente anseiam.

Basta olharmos com atenção para descobrirmos muitos objetos sagrados que as pessoas carregam consigo: medalhas, cruzes, pérolas, anéis. Por ocasião do 89° Congresso da Igreja Católica em Aachen, no ano de 1986, foram expostos na Nova Galeria 50 objetos que os jovens consideram sagrados: de ursos de pelúcia a terços. "A exposição com os objetos sagrados dos jovens encontrou grande ressonância e provocou violentos debates entre as gerações sobre o que é sagrado para os jovens, como também sobre a oportunidade do conceito de 'sagrado'" (HILGER:118).

Quando olhamos os quartos dos jovens nós nos deparamos com muitos objetos sagrados. Mas também para os adultos há muitas coisas que são sagradas. Vemos, por exemplo, um retrato do avô falecido, seu relógio de ouro, mas também objetos aparentemente sem valor, como a bengala, o cachimbo, o lenço, o chapéu que ele usava. Peças que servem de lembrança passam a ser objetos sagrados, não só porque nos lembram as pessoas falecidas, mas também porque nos levam a um mundo diferente, ao mundo do divino, onde agora os falecidos se encontram.

São Bento de Núrsia recomenda ao celerário, o administrador do convento: "Considere todos os instrumentos e todas as propriedades do mosteiro como se fossem vasos sagrados do altar" (RB 31). Tente um dia sentir conscientemente tudo quanto Você toma nas mãos, perceber sua qualidade, sua peculiaridade, sua beleza. Então Você irá compreender que todo objeto é sagrado, porque foi feito por Deus, ou então por pessoas que nele colocaram sua inteligência, mas também seu amor. Então Você irá experimentar seu PC com novos olhos. Irá sentir o valor de um livro. Irá olhar com outros olhos os retratos nas paredes de sua casa.

Basta olhar o que Você tem no seu quarto. Quantos objetos Você colecionou, objetos que lhe são sagrados! Por que estes objetos são sagrados para Você? Que é que eles lembram? Que sentimentos lhe despertam? Serão sagradas para Você as pessoas que estes objetos lembram? Ou o amor com que alguém enfeitou a vela para Você? Trate com carinho estes objetos e sinta o valor que neles se encerra. Talvez eles respondam a uma necessidade que Você experimenta, à necessidade de amor, de carinho, de integridade. Tal-

vez estas coisas tenham para Você uma aura benéfica, que desperta seu anseio pelo transcendente, pelo santo e pela salvação.

7

Pessoas sagradas

Na Antiguidade as pessoas que se tornavam sagradas eram pessoas bem determinadas: sacerdotes, xamãs, curadores, feiticeiros, profetas. Em nossos dias voltou a despertar um novo interesse para o fenômeno do xamanismo. Xamãs são pessoas que através de ritos de iniciação foram introduzidas aos mistérios profundos. Sua tarefa mais importante é a arte da cura. Eles passaram pelos altos e baixos da condição humana. O interesse pelos xamãs e gurus mostra que também hoje existe o anseio por pessoas sagradas. Só que os interesses se deslocaram. Antes eram consideradas santas as pessoas que se haviam distinguido por uma piedade fora do comum, por sua ascese ou por seu amor ao próximo. Também hoje as pessoas têm necessidade de santos. É o que demonstra, por exemplo, o interesse da opinião pública por Madre

Teresa de Calcutá. Sua morte foi chorada também por muitas pessoas que não compartilhavam o rigor de suas opiniões. Por ocasião da morte da princesa Diana, milhões de pessoas projetaram sobre esta mulher seu anseio de santidade.

Antigamente o sacerdote era considerado como algo sagrado. Hoje a imagem do sacerdote sofreu muito. Nós monges, no entanto, sentimos que muitas pessoas prefeririam ver-nos com uma auréola de santo em redor da cabeça. A televisão se interessa pela vida do monge. Às vezes é um clichê que as pessoas criam a respeito do monge. Mas isto manifesta que ainda hoje existe o anseio por pessoas que irradiem um pouco de santidade. Na Rússia foram por muito tempo os estarostes, eremitas que tornavam-se conselheiros espirituais para muitos. Aos que os visitavam eles transmitiam uma antevisão do Sagrado. Dostoievski descreveu de maneira impressionante o estaroste Sossima em seu romance *Os irmãos Karamazov*.

Em todas as épocas existem pessoas que não possuem nenhuma função especial, mas em cuja irradiação pessoal se pode perceber o Sagrado. Quando falamos com estas pessoas temos a impressão de que elas possuem não apenas uma profunda sabedoria de vida, mas que irradiam também algo de santidade, por se haverem deparado com o santo, com o numinoso. Foi esta a impressão que Santo Antão provocou nas pessoas. Quando depois de vinte anos ele saiu da fortaleza para onde se havia retirado, "Antão como que saiu de um santuário, introduzido aos mistérios profundos e cheio de Deus" (ATANÁSIO:704). A santa irradiação de Antão curou muitas pessoas que lhe vieram ao encontro. As pessoas sentiam que este monge havia estado em contato com o Sagrado. Por isso vinham a ele em peregrinação de todas as regiões do Império Romano, a fim de sentirem sua presença salvífica. Queriam ver nele como o Sagrado irrompe neste mundo infeliz.

Para os sacerdotes, gurus, xamãs e monges que são feitos "santos" pelas pessoas existe o grande perigo de que eles se identifiquem com o que os outros projetam sobre eles. Quando alguém me diz que eu tenho uma aura de santidade, ou que através de mim estaria transparecendo Jesus, eu preciso de muita humildade para distanciar-me destas fantasias de guru. Pois se me deixar impressionar por elas eu esquecerei que sou um simples mortal, com falhas e defeitos. Quem se identifica com o papel de guru que os outros lhe projetam perde sua humanidade. C.G. Jung diz: Aquele que se identifica com uma imagem arquetípica fica cego para suas necessidades humanas. Não percebe como está correndo atrás de suas fantasias de poder, de seu desejo de ser importante, e com bastante frequência também de suas necessidades sexuais.

Os verdadeiros santos sempre se sentiram como pecadores. Para eles isto não era nenhum excesso de humildade, mas sim uma proteção para não se deixarem seduzir pelas projeções dos outros a um mundo de aparências. Os santos não procuravam parecer santos. Tornaram-se santos porque manifestaram a Deus tudo quanto eles eram realmente, com todos os altos e baixos, com todas as luzes e sombras, para que Deus os curasse e os transformasse.

O apóstolo Paulo dirige-se aos destinatários de suas cartas chamando-os de santos. "A todos os amados de Deus, chamados santos, que estais em Roma" (Rm 1,7). Os cristãos são santos porque pelo batismo foram separados da existência terrena, mergulhados na esfera do divino. Foram santificados pelo amor de Jesus Cristo, que em sua morte se entregou por eles. Os cristãos receberam o Espírito Santo e por isso eles são santos. Retornando destas considerações teológicas para nossa experiência diária, isto significa: nós todos somos santos, santificados, porque o Espírito Santo está em nós. Ser santo não significa que sejamos moralmente perfeitos ou superiores aos outros. Santo significa, pelo contrário, que fomos tocados por Deus. E santo significa que fomos retirados deste mundo, que fomos subtraídos ao domínio deste mundo.

O culto divino dos cristãos tem o sentido de nos pôr novamente em contato com o Sagrado que existe em nós, de nos fazer sentir que o mundo não tem poder sobre nós. Nós não somos definidos unicamente a partir das expectativas do mundo. Somos mais do que meros contribuintes da previdência ou beneficiários de pensão. Nós temos em nós mesmos alguma coisa de santo, que não está submetida à intervenção do mundo. Tomar consciência disto nos faz bem. Liberta-nos do domínio e da tirania deste mundo, com os seus padrões. Temos em nós uma coisa diferente, uma coisa santa, íntegra, que não pode ser tocada. Trazemos dentro de nós o santuário interior em que o próprio Deus faz morada (cf. Jo 14,23).

São Bento admoesta seus monges a que vejam Cristo em todo irmão ou irmã. Quando deixarmos de reduzir o outro aos defeitos que nos saltam à vista e passarmos a ver nele o Sagrado reconhecendo nele Cristo, então haveremos de tratá-lo de uma maneira diferente. Acreditaremos no que nele existe de bom e passaremos a ter confiança nele. Quando enxergarmos o que ele tem de bom, ele próprio passará a ver-se com outros olhos. Não irá condenar-se a si próprio por causa dos seus defeitos, mas acreditará que apesar de tudo ainda existe nele um núcleo sagrado e são. Não desistirá de si próprio mas irá começar sempre de novo.

Ver Cristo no outro exige atenção e respeito mútuo. Na mídia nós vemos hoje o perigo, vemos como as pessoas se sentem humilhadas quando não as respeitamos, quando pretendemos penetrar em todos os seus segredos e publicá-los para a opinião pública. É preciso preservar o Sagrado que existe em cada pessoa, para que possa transformar-se para ela em um espaço de proteção em meio a este mundo tantas vezes perverso.

Existem pessoas que são sagradas para Você? Que é que elas irradiam? O que é que nelas lhe agrada? Que é que Você sente quando está em sua presença ou quando pensa nelas? Escreva espontaneamente em uma folha os nomes das pessoas que o fascinam. E depois atribua a cada uma a qualidade que mais o impressiona. Tente conscientemente ver hoje com outros olhos as pessoas com quem Você convive. Tente acreditar que Cristo está em cada uma delas, que em cada uma existe alguma coisa de sagrado que precisa ser protegido. Não tente penetrar nelas e atribuir-lhes um valor, mas deixe-as ser assim como são. Nelas o Sagrado já está presente. Apesar de todas as contradições, em cada pessoa existe algo de são e de autêntico. Como Você se sente em relação a estas pessoas, quando as considera desta maneira? Será que de repente Você con-

seguirá agora conviver ou comportar-se com estas pessoas de uma maneira diferente?

Tente ver o Sagrado também nas pessoas por quem Você não sente simpatia. Não se fixe no exterior que lhe desagrada. Transporte-se pela meditação para dentro delas para também aí descobrir o Sagrado. Ou imagine alguma pessoa que lhe fez mal, que o ofendeu. Você é capaz de ver nesta pessoa alguma coisa de Sagrado? Será que este olhar modifica sua relação para com estas pessoas?

Se em cada pessoa existe algo de Sagrado, isto se aplica também a nós mesmos. Procure perceber-se a si mesmo. Sinta o seu corpo. Ele é um templo do Espírito Santo, diz-nos a Bíblia. Imagine que Você carrega dentro de si algo de Sagrado, algo de misterioso que é maior do que Você. Trate seu corpo com respeito. Preste atenção a si mesmo. Procure ter consciência de sua respiração. Na Bíblia a respiração é uma imagem do Espírito Santo. Na respiração Você pode deixar o Sagrado penetrar em Você, de modo que tudo em Você seja tocado e penetrado pelo Sagrado. Se isto é verdade, como Você se experimenta então a si mesmo?

76

8

A comunidade e o Sagrado

Não é apenas nas pessoas individuais que podemos sentir o Sagrado. Muitas vezes é também nas comunidades. Quando uma comunidade celebra o culto divino, às vezes o Sagrado transparece. Algumas pessoas sentem que determinadas comunidades possuem uma irradiação que lhes faz bem. Elas têm a impressão de que uma permanência mais prolongada nestas comunidades haveria de ajudá-las a encontrar seu próprio ponto de referência. Evidentemente, mesmo aqui existem muitas projeções que podem levar a decepções. Pois nenhuma comunidade é unicamente santa. A comunidade também é marcada pelas sombras, pela banalidade e mediocridade.

Muitas pessoas que vêm para a nossa casa de hóspedes, ou que desejam passar conosco "uma temporada no convento", escrevem-nos que sentiram junto a nós uma espécie de cura. Saber disto nos faz bem. Pois nós mesmos não nos experimentamos de maneira nenhuma como santos. Sempre de novo também temos de confrontar-nos com nossos lados sombrios. Se os hóspedes projetam sobre nós o seu anseio pelo Sagrado e por isso experimentam o Sagrado em nós, ou se realmente existe algo de Sagrado que transpira de nossa comunidade, isto eu não ouso decidir. Provavelmente uma coisa e outra estão em jogo aqui: a projeção dos hóspedes, mas também algo de Sagrado que a comunidade carrega em si, pelo fato de estar todos os dias circulando em volta do Sagrado e vivendo exposta ao Sagrado.

Toda comunidade tem necessidade do Sagrado. Sem o Sagrado nenhum grupo é capaz de viver. Haveria de desintegrar-se. O Sagrado une entre si os membros da comunidade. Isto nós experimentamos todos os dias em nossa comunidade monástica. Quando 100 monges convivem no mosteiro todos os dias, eles não conseguiriam suportar-se mutuamente se estivessem empenhados apenas com os seus sentimentos e com o esclarecimento de seus conflitos mútuos. Uma comunidade de pessoas que moram juntas e que sempre vivessem a refletir e a discutir sobre suas relações logo haveria de desintegrar-se. Faltar-lhes-ia o elo que as mantém unidas. E este elo é o Sagrado, algo que ultrapassa a comunidade. Como todos os dias nós nos reunimos cinco vezes na igreja para louvar a Deus, para juntos cantar os salmos e celebrar o Sagrado mistério da Eucaristia, existe entre nós um elo que não se desfaz tão facilmente, como aconteceria por exemplo com os sentimentos ou com as estruturas. É o Sagrado que nos une e que nos mantém unidos.

Isto pode ser observado nos grupos de juventude. Em todo grupo existe algo que é sagrado, algo que é tabu para todos. Algo que todos têm que observar. Com bastante frequência é o pressuposto inconsciente que parte de cada um. É alguma coisa sobre a qual não se discute, que simplesmente é sentida. Antigamente os jovens gostavam de sentar-se em torno da fogueira do acampamento cantando as suas músicas. O fogo era ali o ponto sagrado de referência que unia o grupo. Seria sem dúvida interessante pesquisar o que é que une os jovens hoje. Poder-se-ia analisar a *love parade*, que reúne tantos jovens na celebração comum de uma festa com muita música, corporalidade e um inebriante sentimento de comunidade. Poder-se-ia perguntar o que foi que uniu entre si os dois milhões de pessoas no festival da juventude em Roma no ano 2000. O prefeito de Roma sentiu claramente que destes jovens do mundo todo emanava alguma coisa que fazia bem à cidade, que Roma nunca viveu dias tão tranquilos e tão pacíficos como os que foram proporcionados por estes inúmeros jovens reunidos em torno do Sagrado.

Também no casamento os cônjuges sentem que o Sagrado os une. Para muitos casais o Sagrado é aquilo que eles experimentaram em seu amor. Seu amor não se reduz aos sentimentos que eles têm um pelo outro. Em seu amor eles sempre de novo estão em contato com algo que os ultrapassa, com algo que eles não possuem uma palavra para designar. É o Sagrado. Certamente é esta a razão por que em média os casamentos religiosos duram mais tempo do que os casamentos contraídos em um contexto não religioso. Os casais casados na igreja sabem que a bênção de Deus repousa sobre o seu amor. Vão juntos para a igreja, para um lugar em que se voltam juntos para Deus, para uma meta que se encontra além deles mesmos. Celebram um sacramento de amor. Este sacramento mostra-lhes que seu amor é o lugar onde eles podem experimentar Deus, onde podem sentir o Sagrado. O sacramento lhes dá a sensação de que seu amor é alguma coisa de precioso, alguma coisa de santo, e que eles devem conviver com isto em atitude de atenção e respeito e não se deixar perturbar tão facilmente pelos conflitos do dia a dia. Evidentemente, o Sagrado também não é uma garantia de que o casamento seja bem-sucedido. Pois também o Sagrado pode volatilizar-se, deixar de ser percebido, perder-se.

Interessante é que hoje um assessor empresarial moderno também fala de sua firma como um "santuário". Lance Secretan entende por santuário um espaço em que a alma cria asas e floresce, em que a convivência e o trabalho são marcados pela criatividade e a fantasia. Manifestamente, até mesmo uma firma precisa de alguma coisa sagrada, de algo que seja sagrado para ela, que relativize a busca do lucro. Uma firma que não vise outra coisa senão controlar o andamento dos processos termina por ficar estéril. O Sagrado permite que a alma respire e cria um espaço onde cada um se sente respeitado. Ele une mais as pessoas do que o lucro comum. Cria um clima de liberdade, de prazer no trabalho e de alegria no intercâmbio de ideias, que leva as pessoas a novas paragens.

Qual é o ponto de referência de sua família, o elo que une o casal e os filhos? É o amor, que Você experimentou como sagrado? É o mistério que lhe deu um lar onde Você se sente em casa? O que é sagrado para Você? Existe alguma coisa que Vocês preservam em comum, que para Vocês seja intocável?

Lance um olhar para os grupos de que Você faz parte, para sua firma, sua associação, o círculo de seus parentes. Você consegue descobrir aí alguma coisa de sagrado que os mantêm unidos? Ou o elo do sagrado se perdeu? Quais são os ideais comuns que Vocês valorizam? Vocês têm sonhos comuns? Quais as recordações comuns que são para Vocês fonte de vida e de união?

Tente ver com outros olhos sua comunidade (sua família, grupo, associação). Tente descobrir o elo que a sustenta. Tente identificar o Sagrado que lhes é caro e que os mantém intimamente unidos.

9

Valores sagrados

Em palestras e pregações, muitas vezes nós podemos escutar queixas por causa da perda dos valores. Os antigos valores, como verdade, justiça, amor, bondade e solidariedade teriam perdido a validade. Teriam deixado de ser sagrados para as pessoas. Se analisarmos mais atentamente, no entanto, não podemos falar de perda de valores, mas apenas de uma mudança dos valores. Os valores que hoje são sagrados para as pessoas modificaram-se em relação às épocas anteriores. Em vez de nos lamentarmos indistintamente por causa da perda dos valores, seria melhor procurarmos descobrir os valores que são sagrados para as pessoas de hoje.

Uma pesquisa em salas de aula mostrou que os jovens consideram muitos valores como sagrados. Jovens entre 11 e 18 anos foram solicitados a escrever sobre o tema: "O que é sagrado para mim" (HILGER:116s.). Para muitos jovens são sagrados a família, a amizade, certos objetos, a liberdade, o configurar a própria vida, bichinhos, animais. Os valores que são sagrados para as pessoas jovens são sobretudo segurança, aceitação, amor, paz, confiança, sinceridade, saúde. Um jovem escreve: "Para mim a coisa mais sagrada na vida é o amor, porque vida e amor sempre andam juntos". E outro: "Acho que a coisa mais sagrada que existe é o amor, pois o amor é maior do que qualquer outra coisa" (HILGER:128).

Uma menina de 12 anos manifesta possuir um sentido para o Sagrado: "Minha cruz é sagrada para mim, porque ela me lembra Jesus que morreu na cruz. Meu bichinho de pano é sagrado para mim, porque já o tenho há 12 anos. A igreja é sagrada para mim, porque por meio da igreja eu posso me transferir para um outro mundo" (HILGER:130). Nestas simples frases a menina expressa o que é essencial no Sagrado. A cruz é sagrada para ela, porque lembra-lhe Jesus. Em Jesus vem-lhe ao encontro o Sagrado, a que ela deve sua vida. O bichicho de pano é sagrado para ela, porque o possui desde que nasceu. É, portanto, um elemento de continuidade em sua vida, algo que a acompanha sempre, que lhe dá segurança e que a une com sua própria origem. O Sagrado que ela experimenta na igreja transfere esta menina para um mundo diferente. Ali ela experimenta em sua vida uma dimensão para a qual vale a pena viver, que confere profundidade à sua vida, que a põe em contato com o mistério do ser, com o mistério de Deus e dela mesma.

Hoje grande número de jovens já não relacionam a experiência do Sagrado com a igreja. Para eles a igreja como instituição é antes "hipócrita". Por outro lado, no entanto, o espaço da igreja não deixa de ser um espaço do Sagrado. Eis o que escreve uma menina de 15 anos: "Quando estou com muita raiva eu gosto de dar uma volta até a igreja. Ali existe muita tranquilidade, tudo é calmo, e a gente pode falar com Deus e acalmar-se. Com isto eu consigo trazer um pouco de clareza para minha vida privada" (HILGER:132). Às vezes mesmo jovens que não são muito ligados à igreja sentem-se atraídos pela igreja como local. Ali penetra em sua vida alguma coisa de diferente, algo que lhes faz bem à alma.

Quando refletimos sobre as declarações dos jovens, sentimos que eles anseiam por algo que lhes seja sagrado. Para eles, sagrado sempre é também aquilo que para eles é importante. E o Sagrado expressa algo pelo qual vale a pena viver. O Sagrado é maior do que eles. Do Sagrado eles esperam segurança, proteção, clareza e respeito de sua própria vida. E para a maioria dos jovens não deixam de ser sagrados os valores tradicionais, como confiança, amor, liberdade, confiabilidade, honradez. Estes são valores em que eles não querem tocar. Pois sentem que sem honradez, confiança e amor não existe amizade. Sem estes valores não é possível viver em família, não se consegue nem sequer existir.

Quando li as respostas que os jovens deram ao questionário, eu me interroguei: como eu posso falar hoje sobre os valores aos jovens, mas também aos adultos, de tal modo que eles sejam tocados, que sintam: "Isto me interessa. Disto eu posso viver. Disto eu tenho necessidade para viver. Isto faz com que a vida mereça ser vivida"? Em meus livros *50 anjos para o correr do ano* e *50 anjos para a alma* eu tentei descrever as virtudes e os valores. Surpreendeu-me a ressonância encontrada por estes livros. Obviamente, ter valores sagrados é uma necessidade do ser humano.

Eu estabeleci uma relação entre as virtudes e os anjos. Para mim o anjo simboliza que eu não devo criar em mim este valor por minhas próprias forças. Antes, é um anjo que me introduz a este valor, a esta virtude. E quando o anjo me introduz a esta atitude, então eu me sinto melhor. Então eu consigo viver de uma maneira diferente. Minha vida torna-se mais colorida, mais variada. Participa do Sagrado. Adquire saúde e integridade. As pessoas sentem que têm necessidade destes anjos para ser introduzidas à arte de viver. E num mundo em transformação cada vez mais rápida elas necessitam de valores em que possam confiar, valores que lhes sirvam de lar em seu desamparo, que lhes ofereçam apoio e que abram sua vida para uma realidade diferente, em última análise para Deus. Apesar de todas as mudanças, são os valores eternos, como paz, justiça, fidelidade, amizade, solidariedade, veracidade, tolerância e amor que mesmo hoje continuam a ser sagrados para as pessoas, e sobre os quais elas desejam construir sua vida.

Também na psicologia cresce a compreensão para os valores sagrados. O psicólogo americano Abraham Maslow fala dos valores do ser, os valores essenciais para os quais vale a pena viver e dar a vida. São valores que apontam para além de nós, que são maiores do que nós. Em última análise são valores sagrados. Por isso estes valores, como o Sagrado, não apenas nos fascinam, mas também nos assustam. "Não apenas eles nos atraem, mas também nos abalam e nos espantam" (MASLOW:145). Por isso nos defendemos contra estes valores. E no entanto eles são indispensáveis para nossa saúde psíquica, e em última análise para nossa felicidade.

Como valores essenciais Maslow menciona o verdadeiro, o bom e o belo, a justiça, a perfeição e o amor. Quando não leva em conta estes valores, o ser humano se torna enfermo. Quando os cumpre, ele experimenta "o máximo de alegria e o máximo de felicidade" (MASLOW: 148). Os valores transmitem ao ser humano não apenas a felicidade, mas exigem também adoração, respeito e sacrifício. "Vale a pena viver para eles e morrer por eles. Mergulhar nestes valores e fundir-se com eles constitui a suprema felicidade que o ser humano é capaz de possuir" (MASLOW:152).

Maslow sabe que o ser humano tem necessidade destes valores para viver autenticamente sua condição humana. Eles fazem parte do seu ser, da mesma maneira que as necessidades vitais da fome, sede e sexualidade. Quando o ser humano reconhece estes valores como santos e intocáveis, quando se dedica a eles, sua vida ganha uma nova dimensão de profundidade. Ele se desenvolve para aquilo para que foi chamado. Torna-se verdadeiramente humano.

Quais os valores que são sagrados para Você? Quais os valores que Você não desejaria perder de maneira nenhuma? Que valores vale a pena defender? Você já experimentou alguma vez como o compromisso com o bem e a verdade, com a justiça e o amor, o tornou feliz interiormente? Quando Você começa a servir aos valores em vez de usar os valores para si, Você expe-

rimenta verdadeira liberdade e alegria. Então Você irá perceber o mundo como ele é, sem ser deformado por seus preconceitos. Então Você entrará em sintonia consigo mesmo, com a criação, com todas as pessoas e com Deus.

90

10

A cura que nos vem do Sagrado

Na história da medicina a cura e a santificação estavam intimamente relacionadas. Entre os gregos o médico tinha que levar em conta o Sagrado. A frase central do juramento de Hipócrates diz: "Pura e santa quero preservar minha vida e minha arte" (WINAU:130). Quando o médico se dessacraliza pela transgressão deste juramento, com isto ele torna-se incapaz de obter a cura.

Os gregos atribuíam a arte da cura ao deus Asclépio, que os romanos chamaram de Esculápio. Muitas lendas envolvem o deus da cura Esculápio. Originalmente Esculápio deve ter sido um médico muito capacitado, que mais tarde foi elevado à condição dos deuses. Lendas mais tardias descrevem seu nascimento maravilhoso. Ele é filho de Apolo, que retira a criança do seio materno de Corônis e a entrega a Quíron para ser criada. Quíron é um centauro, metade cavalo, metade deus. "É considerado o descobridor das forças medicinais de muitas ervas" (WINAU: 131). Em honra de Esculápio foram construídos muitos santuários, como em Epidauro, em Cós e em Pérgamo.

O povo fazia peregrinações sobretudo ao santuário de Esculápio em Epidauro. Ali, em meio a numerosas outras construções, encontrava-se o templo e o *ábaton*, um lugar que não podia de maneira nenhuma ser profanado. Quando após uma longa peregrinação o paciente chegava ao santuário, ele primeiramente precisava submeter-se a um certo número de purificações e vestir-se com uma veste branca. "Ao cair da noite o paciente dirigia-se ao *ábaton*, onde se deitava para dormir o sono sagrado e esperar a chegada do deus" (WINAU:136). Quando o bondoso deus Esculápio aparecia ao enfermo, ele sempre vinha acompanhado de suas filhas, de uma serpente e de seu cão. A serpente ou o cão lambiam as feridas e tumores. E na manhã seguinte, já curado, o paciente deixava o templo e oferecia ao deus um sacrifício de ação de graças.

A maioria das curas mencionadas nas placas em Epidauro refere-se a curas de cegos, surdos, mudos e paralíticos. A Bíblia relata curas semelhantes feitas por Jesus. Assim o culto de Esculápio transformou-se em um grande desafio para a Igreja primitiva. Jesus passou a ocupar o lugar de Esculápio. O verdadeiro médico era Ele. E em lugar dos deuses antigos apareceram os santos cristãos. Entre estes houve muitos santos médicos, como os irmãos Cosme e Damião, os *anargyroi*, os sem-dinheiro, porque não cobravam dinheiro por suas curas. Estes santos mostram que o verdadeiro médico é Deus, que em última análise a cura é sempre um milagre que ninguém pode comprar. A piedade popular venerou sobretudo São Brás. Como médico ele curou não apenas numerosos enfermos, mas também animais. É invocado sobretudo para os males da garganta. São Brás é um dos quatorze santos a quem se faziam peregrinações na Idade Média com o fim de alcançar a cura de toda sorte de males e feridas.

A história da medicina grega e da veneração de santos médicos cristãos mostra que a cura não se deve unicamente às habilidades e aos conhecimentos do médico, mas em última análise sempre deve ser atribuída a Deus. Ainda hoje muitos enfermos fazem peregrinações a santuários cristãos, a Lourdes ou Fátima, a Canindé ou Aparecida. Outros fazem longas viagens a curandeiros. Aqui podem ter influência vários tipos de razões. Algumas pessoas que não obtiveram ajuda da medicina acadêmica colocam suas últimas esperanças em um curandeiro. Por vezes tem-se a impressão de que por trás destas viagens se encontra a mentalidade de que se precisa ser curado a todo custo, de que as doenças nem deveriam existir. Mas é possível que em todos estes motivos, muitas vezes inconscientes, também se manifeste uma intuição de que o que na verdade faz falta é o Sagrado.

Carl Gustav Jung fez a experiência de que a verdadeira cura só ocorre quando a pessoa encontra o acesso ao numinoso, ao Sagrado. E a psicologia transpessoal quer levar a pessoa ao seu santuário interior. Pois acredita que todas as outras tentativas de cura não atingem senão os sintomas. A pessoa só se cura realmente quando entra em contato com sua pátria interior, com o santo dos santos, com seu espaço íntimo onde o próprio Deus habita.

Ali onde o Santo ou o Sagrado habita na pessoa, esta já está sã e íntegra. Ali a pessoa é inteiramente ela mesma. Ali não têm acesso os pensamentos doentios nem os padrões de vida destrutivos. Este lugar interior é inacessível às expectativas e às exigências, aos julgamentos e às condenações das pessoas. Neste espaço ninguém consegue ferir-nos. Ali nós estamos sob a proteção do Sagrado. Ali o Sagrado envolve o nosso próprio ser como um manto protetor. Para a psicologia transpessoal é importante que pela meditação a pessoa chegue ao seu espaço interior, onde experimenta o Sagrado dentro de si. Onde o Sagrado se encontra nela, ali ocorre a verdadeira cura. Pois só o Sagrado cura realmente [*nur das Heilige heilt*].

Sente-se calmamente e procure imaginar como o ritmo lento de sua respiração o leva ao seu espaço interior onde existe o silêncio. Este lugar do silêncio não precisa primeiramente ser criado, ele já se encontra em Você. Porém muitas vezes Você não consegue entrar em contato com ele. O lugar do silêncio está encoberto por uma grossa camada de cimento, que o impede de percebê-lo. Se permanecer por muito tempo observando sua respiração, às vezes Você poderá sentir como esta camada de cimento vai sendo perfurada, e conseguirá experimentar o lugar do silêncio. É o lugar do Sagrado, o lugar onde o Santo, o próprio Deus, habita em Você. No lugar onde Deus se encontra em Você, Você já está são e íntegro. Ali as feridas não o atingem.

Talvez o gesto de cruzar as mãos sobre o peito possa lhe ajudar. É como se Você fechasse a porta do coração para que o barulho não penetre na câmara sagrada do seu coração. Com este gesto Você protege o santo dos santos no seu próprio coração. Você pode imaginar que carrega consigo algo de precioso, o Sagrado, o Santo, o próprio Deus. Que Você é como um ostensório que carrega Cristo dentro de si. Então talvez Você pos-

sa ver que ali onde Cristo está em Você tudo é são e íntegro. Ali as preocupações não conseguem roê-lo. As alfinetadas dos outros não conseguem atingi-lo. Ali nada o consegue incomodar. Mesmo que Você esteja fisicamente doente, o sagrado espaço de cura se encontra dentro de Você. A partir deste espaço de cura sua doença é relativizada. Ela já não o domina. Você, como um todo, já não está doente. Seu núcleo está são e salvo, porque mergulhou no Sagrado.

O Sagrado

Um reflexo de Deus em nosso mundo

Não tem muito sentido a gente ficar se lamentando porque nada mais é sagrado para as pessoas de hoje. É claro que existem pessoas que já não possuem mais nenhum sentido para o Sagrado. Estas pessoas nos assustam. Se para alguém nada mais é sagrado, então esta pessoa também não respeita mais nenhum limite, então nós não podemos mais confiar nesta pessoa. Mas justamente quando a mídia nos traz informações sobre tais pessoas surge dentro de nós um novo anseio pelo Sagrado. Já não ansiamos mais unicamente pelo Sagrado em nossa vida para que nos dê apoio e segurança, que abra para nós o céu. Passamos a ansiar também para que a sociedade volte a ter um sentido para o Sagrado.

Pois quando na sociedade existe o lugar do Sagrado, então nós não nos sentimos mais dependentes do medo. Se nos encontramos em um contexto em que temos a sensação de que o Sagrado desapareceu, nós não nos sentimos bem. Temermos a qualquer momento ser vítimas de um crime. Quando em uma sociedade ainda existe algo que é sagrado, nós vamos com mais confiança ao encontro das pessoas, nós nos sentimos então mais seguros e mais livres. Sentimo-nos integrados. Podemos comungar. Existe alguma coisa que nos une.

Mas hoje não podemos mais esperar que retorne a situação que predominou nas tribos religiosas da Pré-História, quando as mesmas coisas eram sagradas para todos. Os sociólogos da religião não acreditam que a religião esteja hoje se dissolvendo, como tantas pessoas temem. Hoje, como sempre, a relação com o transcendente continua a existir. Mas ela se manifesta de maneiras diferentes. Em vez de secularização, os sociólogos preferem falar de "individualização" da religião. O que marca a nossa época não é a perda, mas sim a transformação da religião.

A Igreja, se quiser atingir as pessoas, tem que adaptar-se a esta nova compreensão da religião. Os cristãos poderiam partir do sentido do Sagrado a fim de levar as pessoas para o ponto central de sua fé, para a fé no Deus de amor, para a fé em Jesus Cristo, em quem o Deus santo resplandeceu neste mundo. Para muitos o Sagrado é um conceito que eles entendem, embora tenham dificuldades para crer em um Deus pessoal, ou em Jesus Cristo como Filho de Deus. O Sagrado é um reflexo de Deus em nosso mundo.

O Sagrado é o lugar onde se pode ver e experimentar Deus em nosso mundo. Se a Igreja despertar o sentido do Sagrado, e se ela conseguir perceber o Sagrado também em nossa época, então ela estará levando a sério os seres humanos e os seus anseios. E então há de encontrar também as maneiras de falar-lhes de modo que eles experimentem não somente o Sagrado mas também "o Santo", que possam perceber a Deus, de quem procede toda santidade.

Hoje muitas pessoas sabem o que fazer com o Sagrado e com o divino. Mas para muitos Jesus tornou-se um estranho. Ainda veem nele alguém que lhes desperta o interesse. Mas não compreendem o que este Jesus ainda teria a dizer-lhes hoje, que Ele poderia orientá-los no caminho da vida. No Evangelho de João, quando muitos se distanciam de Jesus porque já não o compreendem, Pedro faz esta profissão de fé: "Senhor, para quem iríamos? Tu tens palavras de vida eterna. Nós temos fé e sabemos que és o Santo de Deus" (Jo 6,68s.).

Pedro, evidentemente, percebeu o Sagrado em Jesus, o que o deixou fascinado. De Jesus irradiava-se algo de sagrado e salutar. Em seu coração Pedro sentiu que este Jesus pronunciava palavras que nos levam à vida. As palavras de Jesus abriram o caminho para o Sagrado, para o espaço sagrado dentro de nós, onde experimentamos a vida eterna, uma vida que já não é ameaçada pelo passar do tempo, pela banalidade do nosso dia a dia, e que também não pode ser destruída pela morte. Pedro reconheceu Jesus como o Santo de Deus, como aquele que protege o Sagrado em nós, a fim de que o Sagrado possa transformar-se para nós em um lugar protegido onde passamos a ter vida em plenitude e integridade.

 # Referências

ATHANASIUS (1917). *Leben des heiligen Antonius.* Munique: Kampten [Trad. de H. Mertel].

ELIADE, Mircea (1957). *Das Heilige und das Profane –* Vom Wesen des Religiösen. Hamburgo: [s.e.].

_____ (1957). *Die Religionen und das Heilige –* Elemente der Religionsgeschichte. Salzburg: [s.e.].

GUARDINI, Romano (1992). *Der Sonntag, gestern, heute und immer.* Mainz: [s.e.].

H.K., Lance (1997). *Secretan, Soul-Management.* Der neue Geist des Erfolgs – Die Unternehmenskultur der Zukunft. Munique: [s.e.].

HILGER, Georg (1999). *Was Jugendlichen heilig ist.* In: Gemeinde gestalten. Regensburg: [s.e.], p. 110-139 [Konrad Baumgartner].

MASLOW, Abraham (1985). *Eine Theorie der Metamotivation.* In: Psychologie in der Wende. Munique, p. 143-152 [Roger N. Walsh e Frances Vaughan].

RAC 1 = Reallexikon für Antike und Christentum, ed. por Th. Klauser, Stuttgart, 1941, vol. I, verbete "Das Heilige".

SM = Sacramentum Mundi, ed. por Karl Rahner, Freiburg, 1967.